戸川純全歌詞解説集
疾風怒濤ときどき晴れ

戸川純

新装版まえがき

これは、歌詞解説集という体裁をとった、半自伝的な内容の本である。

四年前にこの本がハードカバーで出版され、それを読んでくださった方々の御感想にも、そういう声が沢山あったし、自分自身も客観的にそう思う。

最初は、エレキング編集部から、歌詞解説集を出しませんか、とお話をいただいたので、さほど重い覚悟などせずひきうけてしまった。しかし、いざ内容に入ると、ひとつひとつ何故この歌詞にたどり着いたかを説明してるうちに、自分の半生まで遡《さかのぼ》らないと説明できなくなり、結果的に半自伝的なものになってしまったのだ。

自分の忘れたかった過去とも向き合わなければならなくなり、精神的にきつい作業にもなったが、それと同時に過去を清算するような感情も湧いたことはたしかだ。

人によっては、露悪趣味のような不快感を感じる方もいるかもしれない。しかし、それほどこの本は、いわば「切ったら血の出る本」というような、ひとりの人間が生きてきた道程を、細かく綴ったものなのだ。

生きることは、それだけで闘いだ、というようなことも書いてある。だけど、その一方で、やはり人生は素晴らしいものでもある、とも書いたはずだ。

生きることに、臆している方は、どうか勇気をもって臨んでいただきたい。世界は結構、面白くもあるのだから。

と、書くと、いかがわしい自己啓発本のように誤解されるかもしれない、それは困る。そんな本のはずは決してないです。だって元々は、単なる歌詞解説集なんだもーん。娯楽として読んでいただけたら、と心から願う次第だ。

今回、ソフトカバーで廉価版にして、若い人にも読んでもらうというのはどうでしょう、と編集部からいっていただき、この、まえがきも含め、大幅に加筆した。ハードカバーのときより、詳しくおわかりいただける内容になったのでは、と思う。最初のハードカバーのときの本を買ってくださった方々、ごめんなさい！

黄金の満月が様々な道を照らす夜に

令和二年十月吉日

目次

写真 iwah（2016.1.10 撮影）

2016年8月から10月にかけて話を伺いました。基本的には発表順に伺いましたが、一部異なります。

また、戸川純作詞作品だけを選びましたが、例外として「レーダーマン」「戸山小学校校歌～赤組のうた」を収録しました。ぜひラスト・ナンバーまでご堪能ください。（編集部）

蛹化の女

木の根掘れば蝉の蛹のいくつも出てきし　ああ　ああ
それはあなたと思い過ぎて変わり果てた私の姿

「蛹化の女」という曲も「玉姫様」という曲も代表曲の一つと言われていますが、アルバム『玉姫様』からは一曲もシングル・カットしていないんですよ。それなのに、当時のレコード会社の予測に反してこのアルバムは驚くほど売れたんですね。私自身がいちばん驚いたんですけど。

ここでは「蛹化の女」の話をしたいので、トンボの羽根をしょって虫になって歌った過程をお話ししたいと思います。そもそもトンボの羽根を背負うことになったのはジャケット撮影がきっかけだったんです。

あの『玉姫様』のジャケット写真はガラスに焼き付けてるんです。ガラスに焼き付けたものを金槌でガチャンと割る。それには20万円かかるので出してくれないかとレコード会社に言われたの。インディーズでもないのにアーティストが20万持ち出しするってどうかと思ったけど、しばらくして「やっぱりいらない」と言われて、「なんで?」って訊いたら「良心が痛むから」だって。

撮影はホリゾントの前に立ってさんざん撮ったの。当時のポスターがそうだったように、いまにも飛び立ちそう、みたいなポーズで。で、終わって帰るとき、ホリゾントの裏になにかを見つけて拾おうとしたんですね。そしたら井上嗣也さん（宮沢りえのヘアヌード写真集『サンタフェ』等を手がけたグラフィック・デザイナー）が「それそれそれ！　それ撮って」って言って、ホリゾントの裏にいた私を、照明もそのままで撮ったんです。そんな感じで偶然に撮ったショットの、その中に、ヒトからトンボになるような雰囲気に撮れていたものが何枚もありました。シルエットにすると羽根の感じも生きていたしね。アート・ディレクターの井上さんはすごい自信家でした。「いいものができる」と断言するので「どうしてですか？」って素朴に訊くと、未だにはっきり覚えているけど「根拠はないけど確信がある」って。それになんだか説得力があった。私からは「一個だけ要求を言っていいですか。〝玉姫様〟と〝戸川純〟は漢字にしてください」とお願いしたんです。横文字にされちゃうと自分の中のイメージと違うと思ったので。でもこんなふうに縦書きにして並べて入れるとは思わなかった。さすが、上手いなあと思いましたね。

この歌詞はほんとに1～2分で書きました。ソロ・アルバムを出すことになって、順番は忘れたけれど「玉姫様」や「諦念プシガンガ」と一緒に書いて、自分ではふざけて書いたつもりだったんで、ピテカン（トロプス）にいる友達に見せに行って笑ったりしてた。その時は自分でも分かってなかった。事実、（窪田）晴男に「何をしてほしいの？　曲を書いたらいいの？」って訊かれたけど、そういうわけでもない。いま思うと、誰かにプロデュースして欲しかったんでしょうね。ちなみに、その後、『玉姫様』のレコーディングが終わったとき、デモ・テープを聴いた晴男がやっぱりピテカンで「聴いたよ。プロモーション次第では売れるんじゃないかな」と言ってくれました。晴男がそう言ってくれたのがすごくうれしかった。

レコード会社はゲルニカ休止後、ソロを出すという話には乗ったんですが、私をアイドルとして売ろうとしてたんです。ユーミンや中島みゆきさんに曲を書いてもらって、原田知世さんみたいな感じで売りだそうとしていた。私は「それはイヤだ」ということは分かってたんです。

その年はもう女優の仕事で忙しかった。それでからだは元気でしたけど、気持ちが死んでたんですよ。まだ新人だったから人一倍一所懸命だったんです。レギュラーや準レギュラー3本抱えていたからがんばるしかなくて。

でも毎日つらくてつらくて、「過去を忘れられる」という8万円もする催眠術に行ったこともあります。恵比寿の駅前にあったいかがわしい建物でしたね。長椅子に座って海の音を聴いてるだけなんですけど。とにかくそれまでのことが悲しいし、苦しい。いつも一日の最後に「カノン」を聴きながら寝ていました。自動的に針が上がるプレイヤーにレコードをセットしてね。その頃、のいづんづりのリーダーがうちに来てタロットで占ってくれて、「手紙を書くといいよ」と言われたんです。「書く相手がいない」と言ったんだけど、「書くという行為が大事」だというので、机の上に原稿用紙を置いておいたんです。そしたらある時、すらすらと書けたんですよ。毎晩聴いていた「カノン」に歌詞をつけて歌いたいなと思っていたので、パッと掴んだ「蛹化の女」を載せて歌ってみたら、メロディに言葉がほぼぴったりはまってしまった。

　でも最初にイメージしていたのはセミじゃなくてカブトムシだったんです。カブトムシは昔飼ってたことがあって、その時、蛹が死体に見えたことがあるんですよ。死んだように見えて、生きている。これを「蛹化の女」のイメージにしました。でもカブトムシではメロディに字数が合わないから、蝉に代えて、あ、もちろん蝉は、動けないような完全な蛹の時期がなくて、第二形態として変身しますが、それは土の中でちゃんと歩けることも知っていましたよ。だから樹液もすすれるんです。その辺はあとから付け足しました。私は昔から賛否両論ですが、否定派の中には「蛹化の女」を聴いた時、ファンを止めたという人もいましたね。私が比喩で、蝉の第二形態を蛹と書いたのをただの無知だと言って。そんなのは小学生の間でも常識ですよね。比喩といえば、大サビで出てくる冬虫夏草は、草とつくけど粘菌であって植物ではないというのもそうですし、そもそも人が虫に変わるということだって比喩なのに（笑）。

　タイトルは「虫の女」と字に書いてみたらちょっと気持ち悪くて。私がいうのもなんだけど、「虫の女」ではあんまり品がない感じがしたんです。私がパンクをやっていればそれを選んだと思う。それはパンクには品がないというのではなく、この歌詞に向いているのはもっと叙情的なものだろうと思ったから。それで「蛹化」という字を当てたんです。

私は、幼い頃からずっと女優になりたいと思いながら、ある時期からそれを親に禁止されて、門限5時、日曜日は外出禁止という生活を強いられてきていたんです。妹は子役の活動をしているのに、私には才能がないと判断されて、「18歳になったらやってもいい」と言われてはいたけど、親としては、その頃になれば忘れると思ってたんでしょうね。

でも私の女優になりたい気持ちは衰えるどころかどんどん強くなっていきました。半ば家に閉じ込められた生活で、本を読んだり、別人になった空想をしたりして過ごしていた。閉じ込められて外に行かれないつらさと、厳しすぎる父親に殴られる生活に精神的に追い詰められて一度はパニック障害になったほどでした。そうなって初めて父親は「悪かった」と言ってくれたんですけど。奇しくも、ぴったり18になって、外に出てきた。

それまでが6~7年続いた。ちょうど蝉が土の中で過ごすのと同じくらいの時間ですね。その間、私は本当に蛹だった。閉じ込められながら、「女優」「女優」と、怨念のように思い続けていた。

だから「蛹化の女」で歌っているのは、十代の、人が青春を謳歌しているときに、長く土の中に閉じ込められていた蛹の時代ことなんですね。

蛹化の女

月光の白き林で
木の根掘れば蝉の蛹のいくつも出てきし
ああ　ああ
それはあなたと思い過ぎて変り果てた私の姿
月光も凍てつく森で
樹液すする私は虫の女
いつのまにかあなたが
私に気づくころ

飴色のはらもつ

虫と化した娘は
不思議な草に寄生されて
飴色の背中に悲しみのくきがのびる
月光の白き林で
木の根掘れば蝉の蛹のいくつも出てきし
ああ　ああ
それはあなたと思い過ぎて変り果てた私の姿
月光も凍てつく森で
樹液すする私は虫の女

諦念プシガンガ

嗚呼我が恋愛の名において
その暴虐の仕打ちさえ　もはやただ甘んじて許す

この歌詞も「蛹化の女」と同じで迷わずに書いたらピタッとはまったんです。原稿用紙の前に座って、書けなかったらやめて、という感じで始めて、書き始めたら1〜2分で出来てしまいました。「二十歳そこそこで諦念なんて」と言う上の世代のミュージシャンもいましたけど、これは私の根幹となるものなんです。作ってから30年以上経ちますが、この曲と「蛹化の女」はこれからもずっと歌っていきたいと今も思っています。私の根っこには諦念、諦めというものがずっとあるんです。それが良くも悪くも私の作るものや、行動や思考など私自身をも左右してきたと言っても過言ではありません。この歌にあるような「自分は一介の肉塊である」という自己認識と、「蛹化の女」にあるような森深くで誰にも気付かれぬまま「蝉の蛹」になっている状態は相通じるものがあるように、他の作品とも広く繋がっているんだと思います。

この歌を作った頃。とにかく忙しかったですね。まず思い出すのは久世（光彦）さんのドラマです。なんともサディスティックな演出家でした。私は「女優は素材、監督の奴隷」と肝に銘じていたし、公言もしていましたから、どんなシーンも受け入れていましたが、意味があるとは到底思えないヌードシーンには泣きました。女優をやっていて、役作りではなく泣いたのはあれ一度だけ。ぽろぽろぽろぽろ涙が出てきた。それから、ＣＭ撮影中での骨折事故もありました。私がバタンと倒れるシーンがあり、何十回も試行錯誤して最後にまっすぐ倒れた場所にマットが外されていて尾骶骨を折りました。なりたくてなりたくて、ついに女優になったのですが、次から次へと課される課題にどんどん応えていかなきゃならない。時間的にも体力的にも経験的にもギリギリで、毎日がむしゃらにやってました。休日はなく、毎日、自分の持てるものをすべて出して、時には理不尽に裸にされ、尾骶骨を折るまでがんばった。骨折中もレギュラーを飛ばしたくなくてドーナツ座布団持参で全部やりました。

そういった物理的な要求の過酷さとか、ゲルニカの頃からあったファンの方たちによる賛否両論が精神的にはけっこうきついものもありました。時には虫けら扱いされて「早く死ね」とか書かれた。ネットでもないのに評論家が「早く死ね」なんて書くんですよ。「早晩、淘汰されるであろう」とかね。「諦念プシガンガ」とは、そういうことがあれもこれもあった中で出てきた歌詞なんです。それでも「許す」と。いえ、「許す」のは相手のためだけではないんです。許さないと自分がつらい。どんなに酷い仕打ちをされても、許すことだけが自分を救う方法のように思えました。

まだ21歳でしたからね。その頃、（高木）完ちゃんと（久保田）慎吾ともう一人、知らない女の人がいて、その人に膝枕をしてもらって寝ようとしているとき、その女の人の「この子は誰かに依存しないと生きていけないのよ」という声が聞こえたことをよく覚えているんです。「ああ、私はそうなんだな」と思ったけど、でも、それからも一人でがんばりましたよ。さらにその三人の話は続いていて「この子いくつ？」「21になるんだって」「俺、21の時はいちばんよかったな」「そうだな、21っていいよな」なんて言っているので、「ああ、21にはいいことがあるんだ」なんて思ってたんですが、真逆でしたね。そんなこともあって、「21の時」だとはっきり覚えているんです。当時、現場で一緒になった樋口可南子さんのマネージャーさんが私のマネージャーに「今がいちばん大事な時ですね」って言ってるのが聞こえたことがあって、「ああ、今がいちばん大事な時なんだ、がんばっとかなきゃ」と思った記憶もありますね。とにかくなんでもやろう、とことんやろうという気持ちでした。しかも箱入り娘だったので、労働というものへの憧れがあって、汗をかいて働くことは素晴らしいことなんだと、何も知らないで夢見ていました。

この話をするべきなのか、迷いはありますが、やはりまったく触れないと言えなくなることが出てくるので話すことにします。「牛のように豚のように殺してもいい」という、ただ「殺してもいい」というのを上回る、究極的な諦め、完全降伏のような感情は、本当は芸能界に入るずっと前、それこそ子どもの時からあったんです。私はデビュー当時から「箱入り娘だった」と言っていましたが、実際にはそんな甘いものではありませんでした。父は「順子、順子」と私を溺愛していたと同時に、暴力も伴うような、あまりにも厳しい〝しつけ〟をしていたんです。高校卒業まではとにかく厳しかった。門限や外出禁止の話は以前からよくしていましたが、学校ではいじめを受けてよく殴られていたし、家では父にしつけと言って殴られる生活だった。口答えどころか泣くことさえ許されなかったんです。子どもの頃は、どこにも居場所と思えるような場所がなかった。一人で本を読んだり、自分以外の人物になる空想をして時間をやり過ごしていました。小学校時代の愛唱歌は「♪こんな女に誰がした〜」（菊池章子「星の流れに」）。懐メロはもうこの頃から大好きだったとはいえ、なんともニヒリスティックな歌を歌っていたものです。劇団を辞めさせられたこともありますが、すでに才能がないとか殴られるといった状況、境遇を受け入れていました。劇団を辞めさせられた小三から高校時代までずっと、私は諦めることばかりに集中してきたと言えるかもしれません。

ちなみに「プシガンガ」というのは「円座してお酒を飲んで歌い踊る」という意味です。タイトルはどうしてもこの言葉しかなかった。「一塊の肉塊なり」はレコード会社にこっちの方がいいと勝手に変えられて、アルバムができてみたら「一塊」にされてしまっていたけど、私が書いたのは「一介」なんですよ。漢字はすごく大事なのにね。悔しかったです。

アンデス民謡って寂しいんですよね。その寂しさが癒しになる。「カノン」とアンデス民謡には共通するところが自分の中にあった。寂しいのに癒される。悲しい時に自分を奮い立たせるような曲調ではなくて悲しいものを聴いて癒される。同質の原理というんですね。

諦念プシガンガ

空の彼方に浮かぶは雲
嗚呼我が恋愛の名において
その暴虐の仕打ちさえ
もはやただ甘んじて許す
牛のように豚のように殺してもいい
いいのよ我一介の肉塊なり

空に消えゆくお昼のドン
嗚呼我が恋愛は終止せり
あの泥流の恩讐が
もはやただあとかたもなしや
愕然とする間もなく
腐敗し始める
我一介の肉塊なり

玉姫様

十万馬力の破壊力
レディヒステリック　玉姫様　乱心

お恥ずかしい話があるんですよ。私は箱入り娘で世間を知らない。極端な言葉の意味は知ってても、日常の言葉は知らなくて。だから「〝女は子宮で考える〟というのは君のためにあるような言葉だね」と言われた時も、私はつい最近まで誤解してたの。その意味は「脳で考えるのではなく、感覚的に捉える」ということだと思ってたの。だけど、アメリカのジャーナリストからインタビューを受けて、「玉姫様」のことを聞かれたので、「〝女は子宮で考える〟と言われたことを肯定も否定もせず、全然気にしてない、みたいなアプローチをしたかった」という話をしたら「アメリカにはまったく逆の言葉がある。〝男は睾丸で考える〟。つまり、エッチしたいか否かで考えるということです」と。つまり〝女は子宮で考える〟というのもそうなんだ。だから女性蔑視を表す言葉のなかでも、これは脳で考えるのではなく、感覚的に捉えるのでもなく、エッチしたいか否かで考えるんだと。そっちの方がもっとひどいと思ったけど。そのジャーナリストは励ましみたいに、「そんなことを言った日本の男性はひどいね」って言ってくれました。同じ日本人として恥ずかしかったです。

　真の意味はともかく、そもそもそういうことを言われた時、私には反発したいという気持ちもないことはなかったから、その反発を原動力にして、逆に「反発もしない」というニュアンスで書いたんだと思います。女性というだけで、おかしな話ですが、もう負性を背負わされてるみたいに言われてた時代なわけだけど、「中枢神経　子宮に移り」とか「脳下垂体　子宮に移り　十万馬力の破壊力」と書いてしまうことで論理的でありたい。そんなことは分かってるもん、と。「異常な発汗と嘔吐の中で」とか「六感は冴えわたる」とかいろいろ説明していながら、でも、それだけでは言い切れない。さらに説明がつかないところも説明したくて「神秘　神秘」も入れたんです。

「説明」というのは本当に大事で、私の歌詞は、けっこうみんな説明が入ってると思うんです。伝えるって難しいけど伝わって欲しいんですよ、言いたいことを本当に極力伝えたいように伝わってほしい、無理だとは分かっていながらも。だから生理の歌と言っても「生理だー、なんかイライラするー、ぎゃー」だけ、みたいな感じにはしたくなくて、生理の状態を微に入り細を穿って説明した。

これは歌詞が先で、細野晴臣さんが曲をつけてくれたんですが、すごくうれしかったですね。曲が仕上がってきてデモを聴いたら「第六感は～」が「六感は～」になってて、でも作曲者に敬意を表さなきゃな、変えちゃ悪いな、とそのままにしました。本当は「見えない、聞こえない」と言ってるから、すでに二感はなくなっているのに…（笑）。

「座敷牢」というのは、18歳のときに連れて行かれちゃった精神科の病院のことで、パニック発作だと思うんだけど、病院に入れるか座敷牢をつくるかという論争が親戚内で持ち上がったんですよ。むかし、といっても昭和の時代でも、精神病患者を本当に自宅に座敷牢を作って閉じ込めるということがあったようです。私は暴れたりはしなかったんだけど、そういうことも起きるかもしれないといって。

タイトルはね、ソロ・アルバムの話をいただく前からあったんですよ。タクシーに（結婚式場の）「玉姫殿《たまひめでん》」の広告が貼ってあって、そのとき私、これ玉姫殿《どの》とも読めるなあ、と思って、「どの」を「さま」に格上げしようと思ったんですね。で、もしもソロ・アルバムをつくることがあったらタイトルは『玉姫様』にしようと思ってた。内容は何も考えてなかったんだけど、それだけは決めてたの。

『玉姫様』に続いてシングルで「レーダーマン」を出す時に、ディレクターが変わってて、60歳で処女だという巫女さんにみてもらいましょうということになったんです。そこで「タイトルが『玉姫様』ならお参りに行っておく方がいいかもしれませんよ」と言われて、どこへ行けばいいのか訊いたら、足立区に『あしたのジョー』に出てくる玉姫公園というのがあって、そこには玉姫神社もあるんですと。ドヤ街のなかに実在してると。だけど「あなたのような、純粋で、きれいな心の人には物騒で危ないところだから、代わりに豊川稲荷にいけばいい」と言われて何度か行きましたよ。その後、おそるおそる知り合いに運転してもらって車で玉姫神社に行きましたが、全然きれいなところでしたよ。さほど広くない、でも思っていたよりずっときれいな玉姫神社も、周囲の街並みもマンションや学校もあって普通の住宅地でした。

玉姫ツアーも、最初はプロモーションだからノーギャラだと言われたんですね。事務所が「それは騙されている」といったので結果的にはいくらか貰えましたけど。ゲルニカの時もそうで、上野（耕路）さんと太田（蛍一）さんに「君はお金持ちだから」と言われてた。金持ち喧嘩せずだから「じゃあいらないや」と思ってたんだけど、子どもだったんですね。純粋というか、赤子の手をひねるようなものだったと思うのですが。いまさらながらにお父さんとお母さんにはありがとうと思うけど、あの頃の私はそれでも助かっていたんですね。いまの若者は騙されないでしょうけど。

このライブで着た衣装も自分で考えました。「玉姫様」や「諦念プシガンガ」の巫女さんの衣装は私が自腹で、そういう衣装を揃えられるスタイリストさんを頼んだのだし、小学生のランドセルも私が伊勢丹で買ってきたもの。TOTOのCMの時のスタイリストさんに、朝顔のカチューシャやペラッペラのワンピースなんか着せられて、その人にそういう服やカチューシャをどこで調達するのか教えてもらって、セントラルアパートの地下にあった竹の子族御用達の店のうちの一つで買っていました。

その時のメイクさんにはペタンコな髪を逆毛で膨らませる方法を教えてもらって、それは長年やってましたね。この人に、「この子は頭になにかつけると似合うわね」と言われたことがずっと残ってますね。いまも帽子をかぶってます。『玉姫様』で着た、アイドルが着るようなピンクのヒラヒラの衣装もそこで買ってきたんでした。あれはいっぺんかわいい格好をしたいと思っていたので、「いまやらないと、もうできない」ということで。最近ではネットで「林家パー子」とか書かれているけど、それでも、あのときやっといてよかったと思ってます。あ、いまもやってるか（笑）。

怒濤の恋愛

その人の声を聞くだけで
失神しそうな　怒涛の恋愛

これも歌詞が先です。ゲラゲラ笑いながら書いたんです。そもそもタイトルが大げさだし。発表した当時、「あなたの口から恋愛という言葉は聞きたくなかった」という反応が多かったですね。これの少し後で『樹液すする、私は虫の女』（勁文社　後にエービーシー出版で復刊）という本を出したんですけど、好きじゃなかったという人のなかでも、それを読んだら「怒涛の恋愛」が好きになったという声もありましたね。「恋愛」という言葉を単純に、ストレートな使い方ではなく、あえてこの言葉を使っているんだな、ヒネってあるんだとわかってくれて。

恋愛って大げさになるとおかしいじゃないですか。『愛と誠』のセリフで「君のためなら死ねる」とか。あれ言ってた岩清水くん、大好きでしたよ。岩清水くんの方が全然カッコいいじゃないですか。私、メガネ君好きだし。ちなみに池上季実子さんがテレビで「愛と誠」をやった時、早乙女愛の子ども時代は（戸川）京子がやったんですよ。あの頃、大ブームだったから教室で自慢しましたよ。誠が額に傷をつくる事故のシーンでしたね。

テープが伸びているような音のところ、あれは比賀江（隆男）くんの家で録音したデモ・テープなんですよ。本番を録ろうというときに「なんか違うな」ということになって、あのオンボロ感がいいということになって、比賀江くんのオープンリールをテープヒゴヒゴなまま使ったんですよ。あれはデジタルではなく、単に使い切ったテープのアナログなヒゴヒゴで、そのテープで録音し直したの。

「♪しーっしんしそうな、どとおのれんあーい」って、実はコードがちょっと決まってるぐらいで、メロディはなかなか出来ないし、日程が迫ってたから少しだけ決まってたコードに私が強引にメロディつけて。4コマ漫画みたいな感じでしたね。

　これを一曲目にしたいと言ったら、レコード会社は予算がないと言ってたくせに、売りたいから一曲目はポップにしろと言うんです。レコード屋さんが一曲目を聞いて「あ、これ前衛ね」とそっちのコーナーに入れちゃうと困るからこれが一曲目ではダメだと言うんですよ。「これで十分ポップなんですけど」と私は言いましたけど、じゃあ、でも、それならどれがポップか、一曲目にするのかと話し合ったけど「隣の印度人」で始まるのもあんまりだということで、結局、これになりました。

憂悶の戯画

鳥のような蛾が飛ぶ　黄金の鱗粉を撒き散らし
ほら　ジンタ　ロンド　マズルカと

自閉症っぽい子が見る妄想のような映像が浮かんでもらえたらな、と思って書きました。「コールユーブンゲン　コンコーネ」の「コールユーブンゲン」というのは作曲者フランツ・ヴュルナーが作った子どものための合唱練習曲集で、私は子どもの頃、劇団ひまわりにいて声楽の練習でそれを習ってたんです。バレエ、日舞、演技、歌というレッスンがあって。歌のレッスンで習った「コールユーブンゲン」の曲を覚えてたの。「コンコーネ」は、大学生になって、歌も歌える女優になろうと声楽を習う時に習った教本です。子どもの頃、最初に習ったやつと、大人になって最初に習った教科書の二つでちょうどはまりました。こういうことで当時、「戸川はペダンチックだと」思う人が、たとえ多くても、仕方なかったですね。

タイトルはどうでもよかった。映像的だなという気がしたのと、自分が十代の時に自閉症的になったことを思い出して、その時にこんな夢を見ている、みたいなことでつけました。憂悶は、『三島由紀夫　憂悶の祖国防衛賦』（山本舜勝）というのがあって、それを覚えてたんです。この歌詞も十代の記憶が絡んでいるというわけですね。

レーダーマン（作詞　FOX）

私と同じあなたがそこに　あなたと同じ誰かがそこに
プリントされた記憶と知識

この曲は私が書いた歌詞ではないのですが、代表曲の一つとも言われているので、触れないわけにいかず、どういう気持ちで歌ったかという、そして、いまどう思っているかということをお伝えしたいと思います。

少し前、ある人に現実が「レーダーマン」の歌詞を追い越したように言われたことがあるんです。でも私は「レーダーマン」はまさにいまの時代を表している歌詞だと思います。

84年にシングルで出したんですが、歌おうと選んだとき、私に問題意識はなかった。トンボの羽根を背負ったり、変身願望の一つではあったけど、それくらいの気持ち。この曲はライブで受けが良かった。レコーディングの段階で白井（良明）さんのアレンジを聴いて、ちょっとギターサウンドすぎるから、ギター好きな人に受けるような、一種通好みで、だから一般受けはしないかなと思ってました。でもライブでは盛り上がってました。「怒涛の恋愛」などで「前衛的！」と言われながらもアルバムはけっこう売れたので、レコード会社は「好きなことをやらせたら売れる」という方針に変わったんですね。

衣装は「頭にレーダーつけてくるくる回す」なんて、最初はふざけてた。けっきょく工房に依頼して、サックスを二つ使って金属製の腕の制作を頼みました。これはテレビでも分かりやすいのではないかということになったんだけど、お茶の間っぽい番組では「身体の不自由な人の義肢のように見える」ということでこの腕は使わないこともありました。夜の時間帯の「夜のヒットスタジオ」ではまったく問題なかったんですけど、「ドレミファドン！」では曲紹介の時に「世紀末ギャグ！　戸川純さんで『レーダーマン』をお聴きください」と紹介されてましたからね。私ではない人が書いた歌詞ですが、それでも戦いや葛藤はあったので、頑として腕を外さないこともありましたが、番組によっては外すこともありました。この腕をつけて歌っていたら、それを見て傷つく人もいるだろうと思うと、そこを押し通そうとは思わなかった。「笑っていいとも！」でも腕はつけませんでしたね。オープニング曲で「昨日までのガラクタを処分処分」「きっと明日はいいトゥモロー」と歌ってた、ああいうところで戦おうという気持ちにはならないです。

最初に言ったように、この歌はどんどん現実が追いついてきたと思います。このＳＮＳの時代、もう本当に〝レーダーマン〟だらけになっていく。「どんな情報も見逃さないが　自分捕らえる機能はない」ってまさにそんな感じです。さらに新型コロナウイルスのせいでステイホームと言われたあたりから、会話がリモートになったりしてみんな現実に会えなくてどこかで孤独を感じている人も多いだろうし。「世界のことはなんでも知っている、なんでも知ることができるのに、自分のことが分からない」って、いまっぽいと思います。

そんなふうに思う私が、慎ちゃん（山口慎一）とユーチューブで「戸川純の人生相談」というゆるくてぬるーい感じの番組を始めたのは、コロナでライブも自粛や中止になった頃です。「コロナ騒ぎは半年で収束するという人もいれば、３、４年かかるぞという人もいますし、先が見えない」と言っていました。そして案の定、半年では終わらなかった。その間、ファンの方に顔を見せることもできなくなったわけで。それでファンの方にももちろんだけど、内輪だけじゃなく、そうじゃない方にも見ていただけるようなものをと考えて、かつてあちこちの音楽雑誌やラジオなどでやっていた「戸川純の人生相談」を、慎ちゃんに「一緒にやらない？」って話を持ちかけたんです。慎ちゃんは出演するだけじゃなく、テーマ曲も作ってくれたし、字幕やテロップを入れてくれたりもして、出演に関しては「俺は『タモリ倶楽部』の〝空耳アワーコーナーの安斎さん〟みたいな立ち位置でいいと思うんですよね」と言ってましたね。もともと私たちは音楽が本業だから、最後の方に一回に一曲はおまけみたいな短さでもいいから、慎ちゃんのオケで私が歌うコーナーを設けませんかと提案してくれたのも慎ちゃんでした。そんなふうに、慎ちゃんはすごく頼もしいです。歌のコーナーではヤプーズのライオン・メリィさんやヤマジカズヒデさんも手伝ってくれたりして。

でもそんな堅苦しい感じじゃなく見てもらいたい。レーダーマンを増やしたいのではないから。

眼球綺譚

忘我の裂け目から溢れる川のように
悲愴の赤い花　散って舞う花弁のように

この楽曲は途中まで私が作っていたんだけど、曲のサビを吉川（洋一郎）さんに頼みました。この頃はだいぶ仕事も落ち着いてました。泣くことがあったからではなく、もっと前に泣いたことを思い出して書いたという感じですね。

タイトルはもちろん『眼球譚』（バタイユ）と『パノラマ島綺譚』（江戸川乱歩）の掛け合わせです。眼球の不思議な話ということで。

十代は何もすることがなかったから、本を読んでました。あと絵を描くこと。絵と作文はよく褒められていましたね。お母さんは絵を好きだったけど、お父さんがある時私の絵を見て「上手いじゃないか、将来は絵描きになれ」って言い出した。でも、そのあとすぐ「でもなあ、絵描きっていうのは食えないんだよな」って。

私自身は泣かなかったんだけど、たくさん泣いたらもう涙が出なくなって血が出る、みたいなイメージです。だから「悲愴の赤い花　散って舞う花弁のように」とか「悲愴の夕刻を染める斜陽のように」と、赤い血のイメージを集めて作っていて、3番だけをあとから作ったんですが、それは「雨の降る坂道　口笛を吹きながらうつむいて思い出す　あの夏の空の色」と、まったくペダンチックではない。その時はヤプーズのギターだった比賀江（隆男）くんと「レーダーマン」を作詞した高橋修くん（フォックス）がすごい理解者になってくれた。この頃は二人で「向から所敵なしだよな」って言ってくれた。このたった4行で周囲の当たりが変わったと思いましたね。いや、理解者と言っても、男の人だし、私のとは全く違う種類の気持ちなんだろうけど、やはりすごくうれしい。ペダンチックじゃないと思われる表現でも、伝わるんだなあ、私にもできるんだなあ、と。

そしてそれは『玉姫様』を出した時にも実感しました。ゲルニカの頃と違って、ソロになってから一人で取材を受けるようになったんですが、取材者やファンの方が時々、すごい目を見開いて、目が濡れてるんですよ。そういう人たちが、なにかは分からないけど、きっとつらい思いをしたんだなというのが分かる。悲しいわ、寂しいわと言ってたらそうはならないけど。決して人のためではないというか、結果的に応援歌というふうになればうれしいけど、自分自身は人をそんな慰めようとか、畏れ多いことは考えたことはないです。

前に「苦しんで苦しんで、苦しんだ先に純ちゃんがいてくれる」っていう声があって、すごくうれしかったですね。役に立ってるような気がしちゃって。私、生きてていいぞ、みたいな。その人の苦しんだという気持ちもジンとするし。

無題

これは、単に思いを馳せているだけですね。日本人とかルーツとか考えてたら、モンゴルに行った。モンゴルが好きな理由はなんでしょうねえ。小さい頃、お母さんに「ママが小さい頃になりたかったのは？」と訊いたら、「魚や貝が好きだから、海女さんになりたかった。それで漁師さんと結婚したかった」というので、「じゃあパパは？」と訊くと、「パパは子どもの頃、満州の馬賊になりたかった」って。その影響は少しありますね。

この頃、歌詞が出てこなくなっていて、インスピレーションを求めて旅に行こうと思ったんです。休みをもらって、「日本海側にちょっと二泊くらいしてくる。この休みは歌詞のためのものだから」と。日本海側は太平洋側に比べて白黒っぽいんですよ。砂浜よりも断崖絶壁、怒涛――そういうイメージが私にはあって。で、それで出発前に実家に行ったら、（戸川）京子が「私も連れてってー」というから「ダメだよ、お姉ちゃんは仕事しに行くんだから」って一度は言ったんですが、「CAT'S EYE」のときの杏里さんみたいな髪型で上下スウェット着て「付いてくと言ったら付いてく！」っていう。その頃は妹は私のことを好きでいてくれて親友みたいに仲よかったから、じゃあ一緒に行くかーって。

まず寝台列車に。京子は「上行っていい？」って、上の段に入って、「はーい」なんて逆さまに顔出したりしてましたね。新潟から東北の方に向かって、よく地名もわからないところにいきなり行っていきなり泊まる。海を見て、海鮮料理の店に入ったら、「戸川純さんと京子さんですね」って言われて、顔見合わせて「ありゃりゃ」なんて言ってたら、「お店からです」って舟盛りがドーンと来ましたねえ。帰りには大将と女将と従業員さんたちと、店の前で写真を撮って。近くの水族館の券をもらったのでそこに行って、進化が進んでいないものを見たり、京子が三脚を持ってきていたのでセルフタイマーで写真を撮ったりしてました。

この歌詞は旅先で作った、ということではないんですが……。

「海蜘蛛よ憶え知るや」の〝海蜘蛛〟は実在しません。でもいかにもいそうなものを作ってしまった。あ、水族館にはそれっぽいのがいましたから、インスピレーションを得る旅にはなったということでしょうね。

タイトルはどうしても思いつかなかった。この「無題」というタイトルは一生に一回しかつけられないと思ったけど、逆に言えば、一生に一度は使いたい。逆に意味深になるということもあるかもしれないですよね。「一生に一度だぞー」と心してつけました。歌詞ではなく、いろんな詩集も読んだから、そこによく「無題」ってあったからね。それを歌詞のタイトルにつけるのは、ちょっとふざけてるかな。

フブスグル湖は実在します。モンゴルに。

モンゴルだけど、曲はアンデス民謡です。モンゴルの音楽も聴いたんだけど、わけ分からなくて。「無題」だし、いいか、と。

家畜海峡

これは「プシガンガ」の弟みたいな歌です。「働く」ということは、ほんとに私の大きなテーマですね。といっても、これは「泣きながら豚のように働く毎日」と、かなりつらい感じですね。実際この頃は「ちょっと休ませてくれないか」というのがありました。

たとえばこの頃、こんなことがありました。たしか秋だったか、なにか用事があって、久しぶりにライブハウスの屋根裏に行った時、屋根裏のスタッフじゃないんだけど、イベントの企画をしている人がいて、大晦日にオールナイトギグをやるのでそこに出てくれませんかと直接言われたの。こういうイベントがあるので、ソロで出て欲しいと。私は夏に撮った沖縄の映画のフィルムが焼けちゃって、私のシーンが溶けちゃってたから、そのシーンだけ撮り直さなきゃならなくなっていたんですね。でも、私のスケジュールがびっしり埋まっていたので、大晦日の夜から元旦しか空いてなくて、けっきょく、真冬に真夏のシーンを撮るために沖縄に行くことになってたんです。オールナイトギグの人は初めて話す人だったけど、私はそのことを話したわけ。埋まってるのでごめんなさいって。そしたらその人、イライラした感じで、イヤミっぽく「事務所の方針ですか?」って言うの。メジャーになったからってライブハウスの話はことわるのかよ!みたいに。そんなことはなくて、メジャーマイナー関係なく、もうスケジュール埋まっちゃってただけなのに。実際その沖縄の映画も、インディーズだったんですが。メジャーになるとそういうこと言われるんだと思った。

もう働くということが、かつて思ってたように、夢のようなものではなかった。スケジュールもそうだけど、それだけでなく、起こる出来事が激しすぎちゃって。私が憧れていたコツコツとした労働とかなり違う。

「海峡」というのは『飢餓海峡』（水上勉）があって、そのイメージで、でもそこを渡るという感じではなく、「向こう側には行けない」というイメージがありますね。行き止まりで、そこから先へは出られない。閉じ込められている。そういうところは〝十代〟が入ってますね、だいぶ。「被虐の日」とか言ってるしね。

尿の匂いの人の匂い
あまりにも人間的な匂いよ

これも十代の感覚ですね。「クレージーラブ」という、フィフティーズの曲を聴くと、コードやリズムがすごく似てますよ。昔のアメリカの。久しぶりに改めて聴いたとき、わー！こんなとこから影響うけてたんだ！と、恥ずかしくなりました。パクッたみたいで。

「汗の匂い　唾の匂い　尿の匂いの人の匂い」というのは、多分、「牛のように豚のように」（「諦念プシガンガ」）という歌詞を書いたことの反動ですね。実際のプールというのはこういう匂いではないですね。塩素の匂いですから。「あまりにも人間的な匂いよ」という生理的な感触は「玉姫様」にも通じるものがあると思います。普通は嫌な匂いと思われるものが、人間的な匂いだと。

私はニーチェの影響なんてないんだけど、『ツァラトゥストラかく語りき』よりも『人間的な、あまりに人間的な』の方が好きなんですね。むしろ、ニーチェのようにニヒリスティックになってはいけないと。感情豊かであろうと思ってるし。

極東慰安唱歌

いたずらをしてぶたれた時に　貴方の名を呼んだ
ねえーねえー　この雨は何時　何時止むの

所属していたアルファ・レコードの¥ENレーベルにファンクラブみたいなものがあって告知用の非売品ソノシートを作っていたんです。いろんな人に混ざって私も『玉姫様』のプロモで、「こんにちは戸川純です」って、告知をしたの。その時に後ろに即興でつけた曲があったんだけど、ソノシートができてから聴いている時に、後ろで鳴ってるその曲が、すごくいい曲じゃないかと。それでこのアルバムに楽曲として入れようと思って許可を取った。

スーちゃん（スーダラこと比賀江隆男）の曲なので、最初のタイトルは「スーちゃんの唄」と言っていた。スーちゃんの曲なんだけど、意味としては「スーダラ」のスーちゃん。それじゃあまりにもだろうと思って、次に「日の丸ちゃん」っていうタイトルをつけた。それもあまりにもだろうと思って、いっそのことタイトルチューンにしようということにしたんです。フーガフーガいってる感じを、真逆に硬い感じに持って行って。

スーちゃんは、あの曲については「曲調を朝鮮民謡みたいにしたかった」と言ってたのね。でも後から、「朝鮮民謡って演歌だった」ってわかったと。でもけっきょくこの世にない架空の朝鮮民謡みたいなイメージが私の中にあって、後から自分の歌詞を見ると、なんとなく植民地時代みたいな感じにも取れるなと思ったんです。ノスタルジックで少し不思議な感じ。

ネットの歌詞サイトなどで「サクラ」とカタカナになってるものもありますが、「桜」ですね。「極東」は日本だけど、大陸っぽさもある。アジアに関心があったんです。特にモンゴルに。

　カタカナの「サクラ」だと植民地時代、国民学校時代的なノスタルジーがより強くなりますが、そうではなくて、そういう象徴のない「桜」。植民地時代で「極東」で「慰安」というと、いまだと従軍慰安婦を連想されるかもしれないですね。80年代は「もう戦後ではない」ということで、日本軍の過去の負の歴史も語られるようになっていて、論争もありましたが、その頃、悪いことをした暗い歴史というイメージは広くあったと思いますね。まあ、戦争だから日本に限らないとも思うのですが。

「知らない人に声かけられて　あなたの名を呼んだ」というのは『赤い靴』みたいな感じですよね。この「あなた」はどうとでも取れる。「今のお母さんは継母で、本当のお母さんを呼んだ」とか。ちょっと不思議な迷宮っぽいお話。

「タリラッタ」というのはなんでしょうね。子どもが歩く時のリズムのような、オノマトペではないけど、こういう単語というか言い方があったんです。昔の教科書に出てきたようなイメージですね。子どものハミング、みたいなものかな。いや、スキャットを子どもが大きな声で歌ってる風景ですね。

「戸山小学校校歌」〜「赤組のうた」（作詞・葛原しげる）

心のひろのにひるがえす　自治の旗と見よや見よや
大久保　戸山の学び舎に　いそしむ我らの誇りにて

「戸山小学校校歌」を入れたんです。またアルファが許可を取りに行ってくれた。その頃アルファは、何かと許可をあちこちに取りに行ってて、大変そうでした。そんなに問題のありそうな歌が多い、とはあまり思ってなくて。さすがに小学校の校歌は、許可、必要だなあと思ったけど（笑）。

校歌はなんだか日本の感じがすると思って、しかもうちの校歌は軍歌っぽかったんですよ。なにしろ前身が陸軍戸山学校だったから。小学校の校歌自体がノスタルジックでもありますね。それぞれに故郷があって、故郷には小学校がある。２番の歌詞だけわからなかったので、（戸川）京子に、卒業アルバムを持ってきてもらって。スペシャルサンクスに京子の名が入っているのは、卒業アルバムを持ってきてくれたから。

「赤組のうた」はそれこそ軍歌っぽい感じなんだけど、子どもの頃にすごく好きだった。闘志が燃えて、「やるぞ」「勝つぞ」みたいな感じがして、いい曲だと思ってた。当時はね、軍歌っぽいものもまだ多かったですよ。『巨人の星』とか。「思い込んだら、試練の道を」って歌詞もだけど、曲調も軍歌っぽいじゃないですか（笑）。「どんとゆけ」とか、戦地に送り込まれるような感じで。しかも負けてる時の。まあ、日本のマーチのような感じですよね、戦争がどうとかじゃなくて。ところが、名前もはっきり覚えてるけど、痩せたメガネの先生がいて、応援歌が新しくなりました。作詞作曲しましたと言い出した。「赤、赤、強いぞ強いぞ赤帽子」っていうやつで、「なんだこれ」と思った。あんまりショックだったのでよく覚えてます。で、前の歌がなくなったので、「これは私が形にしないと」みたいな（笑）。歌ははっきり私の頭の中にあった。

どちらも昭和っぽいですよね。レトロな感じを出したくて、当時、夕方テレビでやってたニュースのジングルにヘリコプターの音が入っている。これを使いたくて、レコード会社はこれも許可をもらいに行ったと思うよ。

真偽のほどは定かではないのですが、いつからかも分からないのだけど、この「赤組のうた」は復活したらしいですよ。

枯れ果てて土にかえり　砂となって舞う時の
あの甘美な諦念を　あの甘美な諦念を

勅使河原美加の半生

これは「諦念プシガンガ」の姉妹曲と言えます。「あの甘美な諦念を」と。

これは詞はできていたんですが、タイトルをどうしようかなと思ってね。夏目雅子さんの映画『鬼龍院花子の生涯』が好きでね、ビデオまで買ってみてたんですが、そこからつけました。勅使河原《てしがわら》美加はレコード会社の広報部にいて、私の担当だったの。すごく優しくて可愛い人。で、「名前くれ」と。最初は「勅使河原美加の生涯」にしていたんだけど、本人が歌詞を見て、すごく悲しいからせめて「半生」にしてって（笑）。クレジットにも勅使河原美加の名は入ってますね。ローマ字なので気づきにくいけど。

本当は私、遺体は土に還るけれども砂にはならないってもちろん知ってるんです。小さい頃、お葬式があって、「順ちゃん、見てごらん」とお墓の下のたくさん骨壷が入っていたであろう地下の部屋みたいなところを覗くように促されたんです。私が見たのは、少し白濁した水だった。そして見せた親戚は「ああやって人は土に還るんだよ」と言いました。その光景をよく覚えています。だから、「砂となって舞う」というのはあくまで比喩なんです。虚しい諦念に結びつけたくて、そう書いたんですね。そもそも比喩は多いです。だって「蛹化の女」で人間が虫になるなんて比喩もいいとこじゃないですか（笑）。

この歌は「君知るや慟哭の果て」と始まるけど、私はこういう古い言葉を使うときは、言いたいことがあって、それを伝えるために使うんです。このアルバム（『極東慰安唱歌』）に入ってる「極東花嫁」は私の作詞じゃないんですけど、吉川（洋一郎）さんに歌詞を渡されて「情念のバージニティー」というのにまず困っちゃって、「悪いけどごめん」って言ったら、「あっ、もう曲つけちゃったー」と言われて。これはソロじゃなくて戸川純ユニット、というユニットだからと思って、やるからには潔く迷いを吹っ切って思い切りやって、と心がけて歌った。「花嫁」とか絶対に使わないし、「三つ指の風情ありき」というのも意味が全然わからない。それよりなにより、一番嫌だったのが「情念」という単語です。この歌詞がなくても、私は「情念」と形容されることがあったとは思いますが、自分では全然そう思ってなくて、やっぱり「情熱」の方が好きなんです。「女優になりたい」と血ヘド吐くほど思い続けていたのも「情念」では決してなく、「情熱」です。「情念」があんなに私に放課後、何年も校舎の屋上で腹筋運動や発声練習や滑舌を続けさせるわけがないじゃないですか。

「ありき」みたいな、いかにもその人にとって戸川純好みと思われていそうな単語を並べてあるんだけど、逆で、私にはこういうのはないんだよ、というものでした。「勅使河原美加の半生」で使っている古い言葉とは違うんです。

ヘリクツＢＯＹ

認識不足よ　ヘリクツＢＯＹ
女の子はキスが大好き

（戸川）京子との共作です。この頃、京子も住んでた私の実家がブラボー小松の家の近所だったので、小松っちゃんの家で遊びで曲を作ってたの。それが、「ヘリクツＢＯＹ」の元のと「遅咲きガール」の元のやつで、「遅咲きガール」は「春メキガール」だったんだけど、「ヘリクツＢＯＹ」の元のはひどいです。「へたくそＢＯＹ」だったの。この話は京子のイメージに関わるからまずいなあ（笑）。

付き合って別れた男のことを歌ってるんだけど、へたくそだって。セリフも「あなたのこと好きだったのに、へたくそなんだもん、私帰る！」って（笑）。京子とエロというのはどうなんだろう？　イメージ崩れちゃいますよね。困ったなあ。

まあ、いまなら女の子もこのくらいのことは言うかもしれませんし、昔でも思うくらいはあったでしょうが、歌にして遊ぶっていうのは！　嫌な女じゃないですか（笑）。「へたくそ」まで言うんですから。まあ、憂さ晴らしみたいなものですね。「お姉ちゃん、聞いて！」って、あははって笑って。私も、やっぱり面白いなあと思った。タイトルも二文字だけ変えさせてもらって、ちょうどこの頃、私も理屈っぽいことじゃなく、イメチェンしてポップな可愛いことをやりたいと思ってたんですね。戸川純アイドル路線みたいな感じに。けっきょく「恋のコリーダ」なんかも入ってきちゃうわけですけど、アイドル路線はいましかできないと、当時思ったんですね。それで、京子と小松っちゃんに頼んで、「へたくそＢＯＹ」を「ヘリクツＢＯＹ」に、「春メキガール」を「遅咲きガール」にして使わせてもらえないかなって。そしたら黒戸川純（「仔羊狙う！」のシャウトとか、あと他の曲で「さよならをおしえて」とかタイトルチューンの「好き好き大好き」や「恋のコリーダ」）が出てきて、ちゃんとしたアイドル路線のアルバムにはならなかったわけだけど。

　アイドル路線の歌詞は私には書けないから、京子が書いたものじゃないと、というのがありました。でも、「女の子はキスが大好き」の部分は、意外だと思われるでしょうが、私が考えました。

好き好き大好き

好き好き大好き　好き好き大好き
愛してるって言わなきゃ殺す

「蛹化の女」から「パンク蛹化の女」にアレンジを変えて、「えっ！」ってたくさん言われた。「玉姫様」出す前に久世（光彦）さんの演出による例の裸のシーンをやらなきゃならなかったから、もうファンの方々には怒られ慣れてるみたいな。「蛹化の女」から「パンク蛹化の女」にアレンジを変えて、ライブカセット「裏玉姫」に入れて発表した時にはずいぶん驚かれました。ファンの方には「これしきのことで驚かないでね」みたいな感じだったんですが、思った以上に好意的に受け止められましたね。

どんどん変わりたかった。最初は自分の意図しないところで変わっていたんだけど、好きなことをやってたら、裏切られたとかいう声もありました。アルバム『好き好き大好き』に関しては、「えっ」って言われるだろうなと思いながら、でも、もっと歳とったらできないだろうなということをやりました。やっといて良かったですよ。次は違う何かになると思ってたから。無意識にそういう変身願望はあったでしょうね。

この曲は珍しくタイトルが先でした。やっぱり、あのR・D・レインの元の詩のくどさ、いくら好きって言われても「好き?」ってまた訊くくどさ。そういうのに触発された感じですね。これくらいのことはしてくれなきゃ、と、これくらいのことはする、みたいなくどさ。でもレインのは「好き?」ですが、これはこちらから「好き」と言ってるんですね。でも、私は「愛してるって言わなきゃ殺す」、というつもりで書いたんですけど、聴く人によっては「好き好き大好き」から「愛してる」まで全部を「言わなきゃ殺す」と思ったみたいで。そのくらいくどいという解釈の人もいましたねえ。

楽しいものにしたかった。と言っても「遅咲きガール」や「ヘリクツＢＯＹ」みたいなものと違って、私が書くと、あそこまで根っこから楽しい感じにはどうしてもならない。だからその代わりに笑いが欲しいと思って、Ａの部分で工夫しましたね。「常識をはるかに超えて募る想い　突然変異的に勃発したバラ色の恋」「もはや暴力的とも言えるほどの純愛　すでに昭和史（いまは「令和史」にして歌っている）に刻む勢いのジュ・テーム」というあたり。そしたらスラスラスラスラスラ行きましたよ。「ウヒャヒャ」なんて思いながら書いて、順番にどんどんスルスル出てきましたね。

主人公の強さと言葉自体の強さ、「バカじゃないの」と言われそうな、「勃発したバラ色の恋」とか「すでに昭和史に刻む勢いのジュ・テーム」なんて書いてる時は笑いましたね、何言ってんだか！みたいな感じで。でも歌っている時は、ストレートに自分の気持ちを説明するんだ、みたいな真面目な感じに歌ってました。

「諦念プシガンガ」の世界観――諦め――から一転して、「くれくれ！」みたいなね。じっさいこの歌詞に共感してくれる人が多かったですよ。「ここまで言っていいのか？」というくらい、まるで天翔ける馬のように自由に、どこまでも、良いとか悪いとかも振り返らず。ノーコントロールなところは「玉姫様」にも通じるでしょうかね。「幼児性暴力癖」とか、もうどうしていいか分かんないくらいの衝動。

これを書いたとき、私は恋してたんですよ、とても幸せな恋を。そしてその幸せな恋以上に、私の愛についての貪欲さが激しくて、十分幸せなのに、「もっと！」みたいな感じで書いたんですね。「愛してる」とも言われもしたんですが、「でもそんなもんじゃないだろう、私の恋は！」みたいな。幸せな恋愛というのを初めてしたから、エンジンかかっちゃったんでしょうね。未知の領域で。さらにこれを超えていけ、みたいな。それ以前の恋は暗かったり、私の思いの方が強くてセーブしてたりしたんですけど、このときはセーブしなくてもよかった。

後に宮村優子さんに書いた「女性的な、あまりに女性的な」という曲は、母性のことなんです。そうはっきりは言ってませんが、「人類が　その血を絶やさないために人間に　女性に　与えられた大自然の力」とあるのは母性のことで、その血を絶やさないために、生理現象が、あるいは性欲が、人間には本能としてある。でもこれを書いたときはまだそういうことに気が及ばない時で、自分のそういうものをどうしていいか分かんなかった。どうイチャイチャしてもなんか物足りなくて。書いた当時は、とりあえずいまの私はこうだ、たぶん永遠にこうだ（笑）と思ってましたね。

「好きで好きでしょうがなくて、どうしていいか分からないから、まだ魚だった時には精子を卵にかけるとかだったのに、それじゃ満足いかなくて、人間はこんなことをするように進化したのだろうか」なんて、当時は言ってました。相手に何かしたい、自分が与えられたい、そういう思いがこういう行為を産んだんだ。人類の種の保存説を考える前にはそういうふうに考えてた。しかも相手を好きになったら、一回じゃ済まなくて、一夜の恋じゃなくて、何度も繰り返したくなる、イチャイチャイチャイチャと。そう思ったんですね。それが肥大して、別な方向に行っちゃうと、「殴るよにキス」とか「あばらが折れるほど力強く抱き締める」みたいな過剰な力が加わっちゃうんじゃないかと。これは決してＤＶのことじゃなくて、好きだから、抱きしめたいから、勢い余って、もう止まんない、みたいな感じがしたんでしょうね。

あと歌詞カードには「アンチニヒリズムの直感認識」とありますが、「直感」じゃなくて「直観」です、仏教用語の。私には拘りがあったんですが、レコード会社がその辺、軽く思ってて間違えて載せちゃったんですね。

エンジェル・ベイビー

Please leave me って言ったら
私の手を握ってくれた He said I love you

日本語詞と言いながら、これは二箇所しか訳してないんですが。しかも最初の歌詞とはちょっと意味も変わってますし。

元の曲は、ロージー&オリジナルズという１９６０年にビルボード1位となった一発屋のヒット曲なんです。この曲が好きで、15の頃にたまたま録ったテープがヒゴヒゴになるくらい何度も聴いていたの。もう本当に繰り返し聴いてた。ロージーっていうんだから……とはいえ内山田洋さんの例もあるから必ずしもヴォーカルとは限らないけど、たぶんヴォーカルで、でも、そのロージーの声は男の子かもしれないけど、大人かもしれないし、だけど可愛い女の子のような声。その記憶にあった歌が、「レコード・コレクターズ」とかを持ってるフィフティーズ好きの友だちのコレクションに入っているのを見つけたんです。狂喜乱舞しましたね。

で、改めて聴いて、それを、もっと子どもっぽく可愛く歌いたい、この世界を壊さずに歌いたいと思ったんです。ジョン・レノンもカヴァーしているのを後になって知ったんですが、私が間奏のところを原曲と同じようにサックスを調子っぱずれに吹いてもらったのと同じように、やっぱりそこに目をつけるんだなあと思った。なんかサックス外れてるぞ、でもそこがすごく味があっていいぞー、みたいな。ジョン・レノン版では、そのサックスのフレーズを全編繰り返してましたね。

「Please never leave me って言ったら　私の手を握ってくれた」というところと、「好きよ、好き」という二箇所だけを日本語にしました。

他のところを英語のままにしたのは、これは英語だからこそ甘えた感じが出るんじゃないかと思ったんですね。だから英語のまま、発音だけ舌足らずに甘えた感じにしたんです。世間知らずで、苦労知らずで、無垢な感じにしたかった。

これ、アメリカの人が、「アメリカで出せばいいのに」って言ってくれたの。発音も可愛らしいしって。「エーンジェル」ではなく、「イーンジェル」と言ってる。この曲ではエンジェルは「イーンジュ」の方が甘えた感じが出る。ずっと後に発表する「オープン・ダ・ドー」と同じで。日本語で「好きって言って」みたいな言葉を甘えた感じで歌うと子どもっぽくなる。子どもになると恋とか分からないし、英語だと、舌足らずにして、子どもな感じでも同じことが言える。「It’s just like heaven」を「天国みたい」っていうと、どんなに子どもみたいに言っても、「お前、子どものくせに天国って分かってんのか？」ってなっちゃう。でも、この歌詞はこの内容で行きたかったですしね。ほんとは地獄知ってこその天国、みたいなところがあるし。自分で言うのも恥ずかしいけど、地獄のようなものを見たのを忘れて、何も知らない少女が「まるで天国みたい」って。

さよならをおしえて

私は待っているわ　愛してくれるまで
貴方を待っているわ　さようなら　さようなら

これを作ったのも、イチャイチャしてた時期ですね。「好き好き大好き」と「さよならをおしえて」は女性に人気がありますね。男の人は怖がる人がいるんですよ。「パチ・パチ」という雑誌のカメラマンが、もう分かったよと思うくらい、「さよならをおしえて」は怖い、嫌いと何度も言ってた。

これを聴いた別の人には「『ブレードランナー』観た？」って言われましたね。「純ちゃん、好きそう」って。強力わかもとのあたりがゲルニカっぽいとかあったんだと思うけど、私はそれを長いこと観てなくて、それよりも他の人が観てなかった『ターミネーター』を「観た？　観た？」って言ってた。渋谷西武のA館とB館の間を入ったところにあった映画館にふらりと入って観たんですが、とにかく面白かった！　あのしつこさ！　しまいには笑ってしまうくらいのあのしつこさに影響を受けたんだろうな。それでもうワンコーラス作ってたんだけど、あまりにくどいからやめました。「輪廻して生まれ変わっても　来世もあなたを追う私」と、そこまでくどいことを言ってた。ターミネーター以上なことを。

さすがに、今で言うストーカーぽすぎると思ってやめましたが、これで終わっただろうと思ってると、まだ生きてる!みたいな感じにしたかったんですよ。ある本で読んだんだけど、澁澤龍彦的に言うと孫引きになるわけだけど、明治時代に辞書を作ろうとした人が、英語から日本語に変換できないのをなんとかしようと、逆に和英を作ることにした。そこで長く日本に滞在している外国人がすごく的確なことを書いていたんだって。アイラブユーの「ラブ」は、昔だからね、「愛してる」とかじゃないわけです。で、「日本人の場合、〝アイラブユー〟を言う時、むしろお互い黙ってしまう」ってあるんだと。「見つめあい目をそらさない」とか、そういうことが「アイラブユー」に相当すると書いてあって、非常に繊細に日本のことがわかっていると、書いてあった。ラブという単語を、愛、と訳すことに、そこで初めて決めたらしいんです。なるほどと思いましたねえ。アメリカとかほど頻繁には使えないからね。日本では、比較的新しい言葉だからなんじゃないかな、しかし、そういうのとは真逆の。あるいは、「さよならをおしえて」ということは、つまり「さよならを知らない」ということですからね。さよならの意味を知らないのか、さよならのやり方を知らないのか、「おしえて」と謙虚なようでいて、聞く耳を持っていない。見つめ合っただけで「アイラブユー」が通じるのとは真逆、なんです。これも歌だから連呼できるんです。「愛してくれるまで」って。

　ちなみに原曲の歌詞はこういうんじゃないです。直訳にしても、フランスのあのオシャレな感じは出せないから。元の詞は「クリネックスで隠す涙、あなたに見せたくない」みたいな感じ。ところが、見せるどころか「泣くもんか」みたいな。いや、それどころか（笑）。「好き好き大好き」や「恋のコリーダ」もそうですが、ドラマチックにしたいのは女優の欲求かもしれませんね。好きすぎて、求めすぎて、もうどうしたらいいのかわからなくなってしまった果てのドラマですね。

オーロラB

あなた　はやく帰ってきて
はやく　今すぐ帰ってきて

この主人公はだいぶ神経質な方向にいってますね。イチャついてたことの反動みたいな、一人になると途端に不安になる感じ。

原曲の歌詞とは関係ないです。これ、いくらでも突っ込みどころがありますよね。「真夜中の電話誰からかしら　きっと知らない人からよ」って。そんなの旦那からかもしれないし、たぶん旦那からで、出ればホッとするだろうに、すごいノイローゼっぽい。弱そうな人ですね。他の曲とはキャラがまったく違うんですね。「蛹化の女」みたいに達観もしてなくて、まだまだ日常にいる。諦めてもいないし。ただ単に神経疾患的。日常だけど、少し神経症的。少しずれたところが引っかかるんですね。一人じゃダメ、心細いという弱さ。「さよならをおしえて」なんかは一人でもやっていけるけど、これは全然違う。一人ではやっていけない感じ。黒戸川というより、ひねってるけど、悪い人じゃない。むしろ可愛い感じですね。旦那が角曲がって見えなくなった途端に、すぐラジオニュースつける、というイメージはアレですが（笑）。

ツイッターに書いてあってうれしかったのが、「これを聞くと、もう残業なんかやめて早く帰ろうと思う」っていうの（笑）。それ、うれしかったな。最近の若い人は聴き方も違ってきていて、「好き好き大好き」も昔ほどキワモノだけじゃなくてね、わりと自分と重ねて、行き着くところはここだ、みたいな聴き方もある。分からないものですね。うれしいです。

オーロラB

雪の続く三日目の夜は
燃える暖炉の赤い火が
人の形に見えたのよ
あなたはやく帰って来て
HO HO

雹に変った 四日目の夜に

真夜中の電話 誰かしら
きっと知らない人からよ
あなたはやく帰って来て

あなたはやく帰って来て
はやく今すぐ帰って来て

雨の上った五日目の朝
あなた出かけて行ったあと
ラジオニュースをつけるのよ
事故にあってたらどうしよう

恋のコリーダ

床の血痕拭いつつ　子どもの頃を思い出す
打撲に歪んだ男に比べ　なんて静かな一日の訪れ

これはカヴァーじゃない。替え歌ですよね。最近は改変しちゃいけないものもありますけどね、そのために許可を取るんです。私は昔から、レコード会社からダメと言われたらコロコロ変えますって言ってますけどね。これで元の歌と同じなのはコーラスの「ラララ」だけですね。最後まで「ラララ」。「ラララ星の彼方」を「ラララ自我崩壊の」と変えて。

「レインボー戦隊ロビン」は観てましたよ。これはエンディングの歌だけど、中学生の時、オープニングの曲をすっかり忘れてたら、転校生で「怪獣映画の監督になりたい」と言う男の子がいて、すごく成績のいい子で、私が「女優になりたい」と言ってたら、「僕が監督になったら戸川さん、出てください」って。それで、女優になってから、映画番組に出ていていろんな試写会に行かされていたんですが、トライスター・ピクチャーズの試写室に『マグノリアの花たち』を観に行った時、結構な肩書きの、その田中くんと再会しました。「監督にはなれませんでしたが、映画会社に勤めました」って。その田中くんが転校してきた時、「レインボー戦隊ロビン」のオープニングの歌を教えてくれた。「覚えてますよ、大好きでしたからね。♪エネルギー噴射ー」って歌ってくれて。それで私の体に血が巡ったように蘇ったことに感動して、しかも歌詞が「エネルギー噴射」だから、まさにそんな感じで、ますます「レインボー戦隊ロビン」の影響が濃くなったのかもしれないですね。

このメロディの暗さはいかにもエンディングテーマっぽいですよね。「♪今日もどこかでデビルマン〜」的な、暗い感じですね。もちろん、この「子どもの頃を思い出す」は現実逃避ですね。自分でなんでこういうふうに書いたのかと考えると、「ああ、いま殺しちゃったことを忘れたくて子どもの頃を思い出してるんだろうなあと」思います。書いてる時は無意識に書いてたんですが、「あ、そうなんだ」と思う時がありますね。

ブラフマン（万物の構成原理）とアートマン（真我）というのがあって、それぞれ大宇宙、小宇宙と言われています。これは正直、どっちでもいけると思ったんですが、なんか響きがね、アートマンはよく知らない人には芸術家？ととられそうで、避《さ》けました。

これ、（戸川）京子はゲラゲラ笑ってくれましたよ。歌詞がね、どんどん現実から遠ざかって、宇宙まで行っちゃう。最後は「自我崩壊の恋の闘牛」って、もう誰にも止められない。笑いながら書いてたんです、特に「征服欲の湖水は満ちて　流れて落ちる破滅の滝へ」「光る濁涙なが為ぞ　愛する人は我が手中」のところは、ちゃんと言いたいことが表現できてるんじゃないかなあ、と、自分で気にいってるとこです。ちなみに「誰《た》が為ぞ」だとあまりにも、名画の『誰が為に鐘は鳴る』に似ちゃうので、避けたんです。

自我の崩壊というのは、エクスタシーがそうだって読んだことがあります。私、黒木香さんの『SMぽいの好き』を見た時に、これは嘘じゃないかと思った。あの中で笛を吹くんですね、特に最後にたくさん。あれはエクスタシーに達するとできないんじゃないかと。こうしようと思う動きはできない、というふうに読んだことがあって。だからあの最後の笛のシーンは、良いものを作りたいという演出だったんじゃないかな。

つまりこれはエクスタシーの歌ですね。不幸な恋に勢いがついている。もはや闘牛と化して。

鴻上尚史さんと対談した本があって、そのあとがきに、ミュージシャンと対談している本なのですが、「なぜ演劇界にはミュージシャンのような面白い人がいないんだ」って書いてある。で、「いろいろなことを教わった。戸川純ちゃんから教わったのは『愛は戦いだ』ということ」と書いてあった。それはもしかすると、「好き好き大好き」と、この曲の闘牛の「闘」のあたりじゃないですかね。

恋のコリーダ

何があったか覚えてないの　右手にハンマー握りしめ
朝の光が眩しくて　横たわった男を照らす
煩悩の舟で　業の海を往く
ラララ自我崩壊の　夢を見ただけ
床の血痕拭いつつ　子供の頃を思い出す
打擲に歪んだ男に比べ　なんて静かな一日の訪れ
煩悩の舟で　業の海を往く

理性崩壊の　夢を見ただけ

征服欲の湖水は満ちて　流れて落ちる破滅の滝へ
光る落涙なが為ぞ　愛する人は我が手中

煩悩の舟で　業の海を往く
秩序崩壊の　夢を見ただけ

胸中深く轟きて　声が聞こえる血潮の声が
呼んでいざなう混沌の　ブラフマン的大宇宙

煩悩の舟で　業の海を往く
ラララ自我崩壊の　恋の闘牛

バーバラ・セクサロイド

誇りや意地って何　ペシミスティックな話ね
そうよ私はオプティミスト　コードネームはバーバラ

これを言うと絶対笑われると思うんですけど、まだ将来どういう形でやっていこうか決まってなかった21〜22歳の頃、具体的にどういう格好にするかを決めてなくて、自分は26歳くらいになったら、その頃流行ってたシーラ・Eみたいになりたいと周囲には言っていました。パーカッションはやらないのですが、〝いい女〟路線。みんなはゲラゲラ笑ってましたけど。

で、実際に26になった時、ヤプーズを完全なバンドにしようという動きがヤプーズ内部にあって、私は私でバックバンドではなく、ただのバンドだったらいいのにと思ってたんです。私もバンドの一員で。その頃、ヤプーズのメンバーだった吉川洋一郎さんが泯比沙子さんの『ラブ&ウォー』のラブ面をプロデュースして、そこにヤプーズのメンバーが何人か加わって、「ヤプーズ」の名前でクレジットが載ってた広告も「戸川純でおなじみ〝ヤプーズ〟」って入ってたんです。すでに〝戸川純とヤプーズ〟でやっていて、そもそもその名前をつけたのは私なのに、なんか私が見捨てられた感じがした。このとき、ヤプーズ名義で出すと誰にも言わずにやったのは吉川の先走りで、あとで謝ってました。ヤプーズ名義で活動というのはいいと思うんだけど、ヴォーカルは私が、という気分もあったところに、メンバーの方でも、ヤプーズのヴォーカルはやっぱり純ちゃんでって話してたそうで、つまり両思いだったことが明らかになった。これは万々歳。

この少し前くらいから歌詞が書けなくなっていて、バンド形態ならインスピレーションをもらったりして書けるかなと思っていた。だからバンドにした時はすごくうれしかったですね。全然違う歌詞を書こう、書けるぞまだ、と思って。

次はロックバンドで、それまでとは全然違う格好をしたかった。とりあえず、したいことも出尽くした、枯渇しちゃった感じもあって、共同作業だったら、まだできるかも、曲先だったらできるかもしれないとかも思いました。ヤプーズの人たちがどんな曲を書くかは分からなかったけど、私はコンセプト的なことを決めてた。まず少なくともロックバンドの体裁をとる。で、ロックバンドの女のヴォーカリストってどんなんだろうって、これは一人で考えてて、ランナウェイズのシェリー・カーリーの格好が浮かんだ。彼女は下着で歌っていて、黒のショーツをはいていた。私も黒いガーターを出したいけど、ショーツじゃいやと思いました。そこでホットパンツを上から履けば黒いガーターは見えるじゃないかと閃きました。

この話の前に、ＳＭをコンセプトにしたユニットを組む話が来てたんです。歌詞もできていて、あとは曲をつけて歌うだけみたいな。「あなたは私の奴隷よ」とか「豚になりなさい」みたいな直接的なＳＭの歌詞で。でもＳＭはアン・ルイスさんがやってたから、私はていねいに遠慮することにした。

かたくなに体の線を出さないで、自分からセクシーな格好をすることにはずっと抵抗があった私でしたが、妹や母親に「そんなにスタイルがいいのに、なんで出さないの？　もったいない」と言われ続けていて、しかも母はこうも言いました。「若い頃というのはそれだけですばらしいものなの。歳をとってからみんなそれが分かるの。だから若いうちになんでもやっておいた方がいいと思うの」と。それで思い切って、ヤプーズではイメチェンして体型をダーンと出すことにしたんです。これで私を好きと言ってくれた男の人はみんな去っていくだろうと思っていたけど、わりとそうでもなく、新たにファンになってくれた方もけっこういたんですよね。うれしかったです。なかには社会派のシリアスな映画監督で、私を主演に脚本《ほん》を書いて撮ろうとしていたという人がいて、その人にすごく怒られましたけどね（笑）。そういう監督は一人二人ではなかった。女優の方に悪影響を及ぼしちゃったんだよね。でもまあ、幅のある女優と思ってくれなかったということだから、気にしませんでしたけどね（笑）。

「バーバラ・セクサロイド」の恰好にはいろいろ混じってます。子どもの頃に見てたバットマンのポイズン・アイビーやハーレイ・クインのような悪役の女とか、『キューティーハニー』の悪者とか、そういうのを混ぜ混ぜにして衣装を決めていった。上はＢＡＤって書いてある短いシャツ。考えてみたら、バーバラの衣装はお腹を隠せばレオタードと同じですね。実はそんなに派手ではない。これはセクシー系な感じにするけれど、どっちかというと女受けするだろうなって。アニメの登場人物からヒントを得ているから、当然ＳＦに向かいます。ＳＦと「００７」を混ぜたようなことを、ヤプーズのイメージにしようと思いました。ミーティングを重ねて、作詞、曲調、60年代の「００７」とか、サンプラーだけどサックスとトロンボーン、それから私の見た目と、同時進行で決めて行ったんです。

そういったイメージの「バーバラ・セクサロイド」はそのままヤプーズのイメージソングにするつもりで作りました。「ヤプーズにはここから入ってね」みたいな。ヤプーズになったら、私の意見はメンバー分の1に抑えようと決めたけど、誰もどういうことしようって言わないから、コンセプトと「パパッパパー」という管楽器の感じは、私が意見を出しました。衣装の他に、ガラッと変える要素として、〝気持ちを入れない歌詞を書く〟というのがあって、具体的に言うと「プライドなんてないわ、それより大事な何かをおしえてあげるわ今夜」というような心情描写は始めはまったくなくて、状況とか物の描写だけにしてたんです。「プライドなんてないわ」というところは「エージェンシーはＮ２」とかだった。あくまで表面だけ、ものの説明だけ。そしたら中（原）ちゃんが「やっぱりいままで通り、感情を入れた方がいいよ」って言うんです。

私はその時、気持ちを歌うことにはもう満足しちゃった、やり尽くした気がしていた。ヤプーズでは格好やサウンドだけじゃなく、根本的なことを変えようと思ってたし、だったら歌詞は表面だけでいい。心理じゃない、映像的な描写だけでいいと。映画『バーバレラ』など、ミッド・センチュリーのSFレトロなイメージ。あるいは「光るチューブのハイウェイ」のような情景描写ですね。「チューブのハイウェイ」に関しては、中ちゃんに『鉄腕アトム』みたいって言われました。で、笑われましたよ、好意的な意味で。子どもの頃のものが残ってたんでしょうね。

　そう言いながらも中ちゃんは「感情や心理描写もいままで通り入れなよ」と言ってくれました。「そういうところ（感情の描写）が戸川ちゃんのいいところなんだからさ。なんで一緒にやってるかというと、ニューウェイブで人を感動させることができる人だと思ってるから」って言われたの。ディーヴォから始まってるようなもんだから、ニューウェイブは感動というより、批評性とかギャグのような感じでしたからね。でも、その中ちゃんの言葉に打たれた。感動させようというつもりは、中ちゃんにも私にもないけれど、「でも結果的に、戸川ちゃん、そうだから」って。

　悪役っていいなと思ったんです。ロックだし、悪い方がいい。いままでの黒戸川とは違って、今度は見てくれが悪。ただ、ハイヒールは履かない。赤い口紅は塗らない。赤いネイルもしない。どちらも水っぽくなる恐れがあるんですね。だから、〝諦念ブーツ〟と呼んでいたんだけど、ベルトみたいに鎖がついて、歩くたびにジャランジャランと鳴る足枷のようなブーツと黄色のマニキュアと口紅にした。それでプロモーションビデオのために絵コンテを描いた。そこではハイヒールを履いたりもしてますね。このときは火薬仕込んだりもして、メンバーそれぞれがいろんな役をやった。ただ中ちゃんがあそこまでやってくれるとは思わなかったですね、音楽以外のことで。多くのプロモーションビデオが、演奏シーンだけであるのに対し、私のファンの人だけでなく、もっと幅広い人たちにも見られるといいなと思ったの。だから映画っぽく作り込もうと。でもミュージシャンはなんだかんだ言っても演奏しているところがいちばんカッコいいと思っているので、演奏シーンは随所随所に入れました。

入り口は色気の有無みたいなところだったけど、曲に気持ちを入れるとしたらどうするかといったら、「プシガンガ」「蛹化の女」から連綿とつながっているプライドのなさ。足でぐしゃぐしゃにされて芽が摘まれて育たなかった私のプライド。それが小さい時から私のことをずっと覆っている。いままで「諦念」と言っていたものを、それはここでは、ポジティブに捉えようと思ったんです。心理学にヴァルネラビリティという言葉があります。暴力誘発性、被虐性、弱さ、みたいな意味で、「プシガンガ」や「蛹化の女」などで閉じ込められて諦めていたそういうものを、バーバラでは「プライドなんてないわ」という諦念すらもタフに笑い飛ばしてしまおうというふてぶてしさがあります。

あと、「バーバラ・セクサロイド」を書いた時は〝女優〟ということをヒントにしたけど、それは伝わらなくていいと思ってた。それはほとんどの人が女優じゃないから。

キスを

キスを　もっと　長く溶けるキスを
誰も　他に　好きにならないで

この曲は『ヤプーズ計画』のレコーディングで最後に作られたんです。ムードはすごくあるけど、曲調も漠然としてるし、歌詞はちっとも出てこない。もう書き尽くしてしまったんだと思いましたね。で、もうこの際、一生に一度しか書けない、〝これ〟系の言葉を全部集めたものを作ろうと思ったんです。つまり「愛してるの」とか「好きなのよ」「抱きしめて」「キスして」とか、ラブラブで柔らかい、そういう言葉をかき集める。単独では陳腐になっちゃうかもしれなくても、これだけ徹底していればいいだろうと思って。さらにそれを微妙な塩梅というか、いろんな計算で、こうしたらここが足りないからここを埋める、とかいうことを、歌詞だけでなく歌い方も加味して考えてましたね。歌い方が違ったら全然違いますよね。

コンセプトがはっきりしていることは大事ですね。ただ、はっきりさせすぎて、こっちを立てるとあっちが立たなくなるということもありますよ。曲を生かして、曲からインスパイアされて歌詞を作って、その微調整も兼ねて歌い方をと、そういうことを自分一人でやってたから。でも、そうしたら、他のメンバーみんなが男性コーラスを付けてくれたんですよ。うれしかったなあ。しみじみ、ヤプーズはバンドになったんだなあ、と思いました。

肉屋のように

頸動脈をマグマが走る　美味しいわ身もだえするほど
誰でもいいから私を止めて

これは〝肉屋のフリッツ〟なんですよ。フリッツ・ハールマンというのは、20世紀初頭のドイツに実在した猟奇殺人者ですね。コリン・ウィルソンの本で知ったので、どこまでが本当でどこからが嘘か分からないんですけども、男色のフリッツが男の子を拐ってきて悪戯をしては殺していた。逮捕されると、その頭蓋骨が庭にゴロゴロ埋めてあり、その肉を肉屋で売っていたことがわかって、その町は騒然となったと。町の人たちは子どもたちの肉を食べていたのかと。また怒られちゃいそうな感じですが、タイトルはそれからつけました。お肉屋さんに怒られるかなと思ったんだけど、大丈夫でした。まして「うちは、お肉屋さんなんですよー！」なんてファンレターがくるくらいです。お肉屋さんなんですが「肉屋のように」が大好きで、って（笑）。うれしかったー。

歌詞の方は事件とは関係ないんですが（まるでフリッツ・ハールマンのように、という含みはありますが、快楽殺人ではなく）、食べちゃいたいくらいあなたが好きという極端なラブソングです。「肉屋のフリッツのように」というタイトルに本当はしたかったけど、語呂が悪くて、それにはしなかったんですが、歌詞に肉屋は出てこないんだから、このタイトルじゃなくてもいいはずですけどね。タイトルはほんとに大事。

この頃、中（原）ちゃんはポータブル・ロックの方がホームグラウンドだったんじゃないかな。それとヤプーズとの違いを出したかったらしいんですが、なにもここまで（笑）と思ったくらい、どう考えたって、どんな歌詞を載せたらいいのか悩みますよね、誰だって（笑）。

この曲のプロモーションビデオは『肉屋のように』を作るんだったらこの人がいいと思いますよ」と紹介されたカメラマンに、私が「コピーアニメーションで作っていただけませんか？」と言ったら「はい」と言ってくれたので「ありがとう！」とお願いしました。連写したフィルムをパラパラ漫画みたいにつなげて再度フィルムに焼き付けるんです。私は普通に白黒のちょっと粗いくらいのコピーアニメーションを想定していたのですが、その人はマーカーで赤とか青とか緑に塗ったり、文字を重ねたりもしてくれた。「滴」「脳」とかいう漢字一文字なんかが入ってるので「これはなんだろう」と訊くと、全部歌詞からとったという。その中に「愛」という字が入ってたんですよ。「愛」なんてこの歌詞のどこにあるんだっけ？　と言ったら「愛しいあなたが食べたい」の「愛」だったの（笑）。

撮影の時はスタジオでパシャパシャパシャパシャッと撮って、「はい、これで十分です」と。「え、素材、たったこれだけでいいの？」というくらいあっという間でしたね。途中で様子がわかってきた、当時のキーボードの小滝（満）さんがわざと床に白衣をゴシゴシして汚したりしたような時間は入ってないけど、撮影だけなら正味5分くらいでしたね。同じようなシチュエーションのものを3バージョンくらい、みんなで撮ったもの以外に「あ、駄目」というところの私のアップが入ってるぐらいで、あれは数秒の世界だし。顔に返り血がかかっているところを一人一人撮ったんです。「これで4、5分くらいのビデオができるの？」と訊くと「はい」ってやけに自信ありげで「じゃあ、お願いします」と頼んだら、色だの文字だのまで入っていて、もうそこまで凝らなくてもいいんじゃないかというくらい凝ってくれたんですよ。そのカメラマンさんは編集を立ったまんま、踊りながらやるんです。ノリがいいからと。そうやって、想像以上のものを作ってくれました。

あの曲を映像に、よくしたものですよね。しかも演奏シーンがないのにバンド全体の雰囲気を出していて、すごく音楽的なのは、作る人も踊りながらスイッチングしてたりするから。センスとノリですね。

当日スタジオ入りしたらチェーンソーとかドリルなんかが用意してあって、メンバーそれぞれ好きなものを選んで、白衣を着て。「バーバラ（セクサロイド）」の後だからやりやすかったですね。それまではみんな、演技というのは嫌だというようなものも当然ありました。とりあえずやるけど、みたいな。「バーバラ」の時は私はみんなを説得したんです。できる限りでいいからと演技もしてもらった。最初はみんな、雲をつかむようにやってたけど、レコーディング・スタジオで、『ヤプーズ計画』の他の曲のレコーディング中、PVの編集されたものができてきて、そしたらみんな面白がってゲラゲラ笑いながら見てた。それで面白いものなんだなと分かってくれて。だから「肉屋」の時は2、3歩前に出るというだけでしたけど、ドリルやチェーンソーを持って棒立ちで前に出るのではなく、なんとなく演技っぽく前に出てくれた。それからサビのところで切った身体からピューっと返り血が噴き出して顔にかかっているみたいなシーンは、これは一人ずつ他のメンバーが水鉄砲で墨汁をピューっとかけているところを撮影したものです。水鉄砲はあとでトリミングされて見えないようにしています。そのシーン用に、血糊の代わりに墨汁が用意されていた。どうせ白黒なので赤くなくていいので、血糊よりさらさらしている墨汁を使ってと言い忘れたのに、ここら辺、分かってるなあと思いました。最終的に、あまりにも粗い画質のようにしたから顔がよく見えず、私の白衣はピンクに、誰かのは黄色に、とマーカーで塗られているんですね。吉川（洋一郎）さんが青だったのは覚えてます。なぜかといえば、サビでみんなただ顔に血のつもりで墨汁をかけてただけなのに、吉川さんだけいっくらピューってかけてもまるで手元にナイフとフォークを持ってるみたいにして歌詞の通りに肉を食べてる動作をして、それをやめないのでみんなビックリして「こういうのもあったか！」と。おもしろい衝撃だったからです。

ラブ・クローン

僕のことしか愛せない　僕の細胞分枝帯
孤独の部屋と自閉の日々に　さあ　さよならを

これは最初、「ジャップカー」という歌詞だったの。当時、日本の企業は嫌われていたんだけど、それを逆手にとって「我が物顔で走れ イェイ イェイ ジャップカー」「三原色の光を放ち 秋葉原は燃えている アハハーン」だったの。ラブソングじゃなくてね、でも皮肉でもなく、イケイケドンドンみたいな感じだった。時事ネタというより、この状態というか現象は、これからもずっと変わらないと思ってたの。日本はずっと嫌われ続けるだろうと。ワーカホリックとか言われていた頃で、働きすぎへの皮肉とか批判でね。その声に耳を貸さないで気にしないでどんどん、日本車イケイケ、みたいな感じでしたね。一生懸命働いて、それをワーカホリックって悪く言われるなんて、怠け者にそんなふうに言われたくないよ、みたいな。別段愛国心でもなくて、〝働く〟ということですね。怠けてる人に馬鹿にされるのはおかしいんじゃないかと。でもやっぱりそういう社会的なことは歌いたくないと思って変えたんです。

それでクローンの歌を作ろうと思ったんですが、あの頃はネットがなくて、百科事典を見ました。DNAを日本語にすると「細胞分子帯」になるとかね。だけど、「バイオの罪」の「バイオ」っていう言葉がこんなに残るとは思いませんでしたね。クローンはその後も研究されるだろうと思ったけど、こんなに早く進むとも思わなかったし、まったく先のことは分からないですねー。

「電送機」なんかは映画『恐怖の蠅男』、及びそのリメイクの『ザ・フライ』のイメージです。それこそ手塚

（治虫）っぽいと言われるかもしれないけど、その影響はなく、自分の部屋に引きこもって暮らしている少年科学者みたいな子ども向けアニメの主人公が自分のクローンを作った。当時はクローンのイメージもいまとはずい分違って、頭の中までそっくりみたいな感じでした。前から書いてる小説もまだ書き上がってなくてペンディングにしてるけど、私にとって歌詞って、短編小説を書く時のような気持ちですね。80年代は近未来ものが出てきた頃で、未来的なもの、未来像というものが変化していた時代でしたよね。「今が未来だ！」とか、「20世紀の終わりに恋をするなら 惑星のちからと死の魔術が必要」（ヒカシュー「20世紀の終わりに」）とかね、そんな時代で、でも、私はあえて近未来よりも未来にこだわりました。アルバム全体として、他の人が書いた歌詞は別として、B級映画のようなイメージですね。子どもの頃から未来については好きでした。あ、戦前戦後の懐メロも好きだった。〝いまではないいつか〟が好きだったんですね。

コレクター

道を聞くふりして　エーテルを嗅がせて
トランクに押し込めちゃうわ　私の愛拒んだ罰よ

これも映画からですね。ウィリアム・ワイラー監督、テレンス・スタンプ主演の名作です。

「エーテルをかがせて」のところは「クロロフォルムをかがせて」とどっちにしようと迷って、クロロフォルムの方が分かりやすいけど、エーテルの方が字数的に合うと。音楽性の方が大事ですからね。

〝かわいそうな人〟ではあるかもしれないけど、「私ってかわいそう」という直接的なナルシシズムは、個人的には大嫌いです。でも、この主人公の人は、かわいそうな人なんじゃないかな。「さよならをおしえて」の人も、この「コレクター」の人もだけど、自分で自分のことをかわいそうと思っていない。そっちの方がいいと思ってるんです。〝なぜ悲しいのは女ばかりなんでしょう？〟みたいのはすっごく嫌。女でも男でも場合によりけり、と思うし。いずれにしても私は能動的に突き進んでいく側ですね。

私の歌に関して、〝情念〟ということもよく言われますけど、情念って演歌っぽい感じがしちゃって好きじゃないんです。情念というよりもっと能動的なもの。情熱とかエモーションとかパッションと言われた方がうれしい。女だからそういう風に言われちゃうところもあるんじゃないでしょうかね。あと、悲劇的な恋だの愛だのっていうと、もう情念しかないみたいな。恋だの愛だのはモチーフに使っているし、「さよならをおしえて」や「肉屋のように」もそうですけど、かなりふざけてるんですよね。そういうところ、情念とはまったく違うと思うんだけどな。

足と腰を骨折して、ブランクに入るずっと前だから、まだ3オクターブ半キープしてたので、ここでも3オクターブ使ってますね。レコーディングでできることを駆使した。この発想は、当時メンバーだったこの曲の作曲者である小滝（満）くんのものです。一曲そういうのがあっても、私のいろいろな声を活かせるし、と思ってくれたんだと思います。二人で、ここはこう切って、とか、ここはタブらせて、とか、すごく話し合いながらレコーディングしました。他の曲ではあんまりやろうと思わなかったですね。この一曲の中で、いろんなキャラを出してますが、もっともっと、と変えていき、最後はトッポジージョの声が出てきました（笑）。考えずに歌ってたら、そんなのまで出てきた。

80年前後にニューウェイブ系が一斉に出てきた。そういった世代的なものはありましたね。みんなすぐに止めたけど。流行り物的で、やってる本人たちが飽きちゃった。そういうのが廃れてもまだやってたのが私だったんですね。ヤプーズのメンバーでも、流行りが好きな人もいて、パンクと言うことすら古いと、「パンク蛹化の女」はもう普通に「蛹化の女」と言わないか、なんて言ったり。いや、しかしそれだと静かな「蛹化の女」と区別がつかなくなるって反対意見もあり。「パンク」って、もうカッコ悪いぞとか、ニューウェイブはダサいぞとか。ちなみに「パンク」をカッコ悪いと言ってたメンバーはヤプーズを辞めていきましたけどね。私は一応、やりたいことがニューウェイブなんだろうなあと思って、他に名前つけようがないし。その頃どっかに〝ヤプーズは日本に現存する唯一のニューウェイブバンド〟って書かれた。「だったらこのまんま行こう」ってことにしたんです。ヒカシューとかもいたんだけどね。でも、その時は忘れてて、日本に現存する唯一のニューウェイブバンドで行こうと。

あ、ちなみに「マニアック」「ファナティック」「パセティック」は歌詞に出てくるのに、なんで「ルナティック」はないの？って訊かれることがありますが、ありがちだからです。「紅蓮のルンナ」で月は出てます。

労働慰安唱歌

稲穂刈る弓を引く娘　フェルト編むテントの女
労民は寓話と奇跡を信じる

これ、もう言ってもいいのかな。元はやっぱりモンゴルなんです。モンゴルの本を持ってたから、「ツァータンのむすめー」とか、モンゴルの地名を入れてたの。そうしたら「国を特定して貧しいと言ってはいけない」と言われて、国は出さないことにしました。

中原さんの曲で、曲先ですが、コードだけでメロディがなくて、石川啄木の『一握の砂』の「はたらけどはたらけど」をあてて、最後の「労民」は元は「貧民」だった。「貧民は寓話と奇跡を信じる」――これもレコード会社に直してくれって言われて、「労民」に変えました。

中ちゃんは「悪いなあ、他のメンバーのと違うアジアな曲調だして」なんて言ってましたが、そういう歌詞を書きたいと思ったんです。日本を含めたアジア、中でも特に気になるモンゴルをイメージしてメロディを聞いてたら、頭の中にツーツーペペ「働けども働けど」というのが浮かんだから、そう言ったら「いいね」と言われた。労働の歌ではありますが、全体には、労働よりも〝貧しい人が働いている〟という方に力点があるんです。「牛車引く赤貧の男」に想起されるノスタルジックな感じのアジアっぽさ。それを上から目線なわけじゃなく、遠くから眺めている感じ。だから私自身の労働とはちょっと違うんですね。

で、最後に、この「労民は寓話と奇跡を信じる」と二行を付け加えたら、中原さんが「ここは詞に気持ちが入っているところだから、メロディ入れたよ」って。この二行は絶望じゃなくて希望だと思ってるんです。寓話は「アリとキリギリス」みたいなの。〝働くといいことがあるよ〟って。でも、いまになって読み返してみると、絶望に近い希望ですね。でも、後で出てくる「シャルロット・セクサロイドの憂鬱」だってそうだし、その果てに希望が奇跡のように叶うのだから、ありきたりだけど、希望ってやっぱりいいなーと思います。

ロリータ108号

好きなら抱いて見せて　絶望へとひた走ってよ
ごめんね　あなたが好きよ

「ごめんね」って何に対して謝ってるかというと、「あなたが好き」なことではなくて、単純にその前の一行、靴に関してわがまま言ってることに対してで。もっと単純で子どもっぽいんです。こういう子どもっぽいわがままはたくさん言ってる子なんでしょうね。

これは言葉が入りきらなかったんですね。それで「あなた」が「パパ」だと思われたら困るなあと思ったのは覚えてますね。パパに改造されちゃったから、あなたとエッチなことができない。自爆装置を埋め込まれて、処女でなくなることができない少女の物語ですね。高校生まで彼氏がいなかった頃、私は一生そうなんじゃないかと思ってましたね。親が厳し過ぎて恋なんかできないだろう、たとえできてもプラトニックだろう、そんな気持ちを思い出して書いてました。「内蔵されたＩＣミサイル」は他に言葉があったけど、入りきらなかった。ミサイルじゃなかった気がする。入らなかったからミサイルにしたの。

このロリータは生身の少女ではないですね。ナボコフでもなくキューブリックの映画の方の『ロリータ』のイメージとも違う。お父さんに改造されるというストーリーも、小説も映画もどっちも違いますしね。

ランドセルや三つ編みとは違うフランス由来のいわゆるロリータ・ファッションは遅いかもしれないけど、この時しかできないと思ったんです。ロリータ・ファッションが流行り始めてたんです。昔から原宿にある老舗のMILKでドカドカ買ってましたね。アイドルが着るようなワンピースを作ってたんですが、ロリータ・ブームで

MILKもロリータに切り替えていて。芸能人だったからMILKの大川ひとみさんのお母さまにすごく優しくされたなあ。昔、MILKは芸能人御用達だったんだって。

発想の元に『樹液すする、私は虫の女』の文庫版に収録されている「ロリータ８０７号」というのがあるんです。石森章太郎（当時）や『鉄人28号』（横山光輝）を意識していて、同じ年くらいの男の子がロリータ８０７号に抱く淡い恋心。それを原案にして書きました。ちなみに１０８号というのは、１０７号まで試作を重ねて、それで１０８号で完成したという意味ではなく、１０８個あるという煩悩の数から。

あとは「悪趣味　リコンストラクションベイビー」とか「サイボーグ　ワン　オー　エイト　メカニックベイビー」とか、譜割りもうまくいった方じゃないかと。

当時、すでにロリコンというのはありましたが、Ｍくん事件はこの数年後でしたね。今となっては「肉屋」だったりこれだったり、すごく怖いですよね。そう言えば、この歌を発表した頃はストイックという言葉が今みたいに体育会系で使われておらず、「禁欲的」という意味で言えたんです。

ここだけの話だけど、子ども時代にひどい目にあってて、殺されないだけマシだったなという感じもあって、とんでもないことをされたけど、さらわれたり殺されたりはしなかった。他のとんでもない目にあってた。さらわれたり殺されたり、お父さんお母さんの気持ちを考えたらかわいそうで。でも、困るのはその次ですよ。殺されたりはしなかったけど、その後も生きていくことを考えたら、それはやっぱり大変なことだった。

ロリータ807号〈ロリータ108号 原案〉

12才のロリータ
奥歯の加速装置で
エナメルブルーの歩道橋
高速で駆け上がる

好きなんだ　807号

放課後
校庭の片隅
超合金ボディの腕で
大車輪をやってる

好きなんだ　807号

混んだ電車で彼女に
近づく男危ない

内蔵された超小型ミサイル
自爆するシステム

12才のロリータ
山積みのラブレター
ＩＣ回路で情報処理
データ不足とつぶやく

好きなんだ　８０７号

私は孤高で豪華

泣きたくないのに流れる涙は
淋しいからじゃない　決して

泉（水敏郎）ちゃんとの共作で、泉ちゃんが書いたのは2番の「オトすの無理ね　薄っぺらよ　アハン　トキメキが欲しいわ」のところ。こういうのは私は絶対書けない。浮かばない。閃かない。

モデルはと聞かれると、お恥ずかしいけど自分かな。でも、みんな、細かいところは別として、たいてい自分なんですよ。「ロリータ１０８号」にしたって、誇張したりモチーフ持ってきたりしてるけど、自分が十代で処女だった時に、一生そうなんじゃないか、親が厳し過ぎて恋なんかできないんじゃないかとか思ってましたから。でも、この歌詞は私だけのことというより、私たちヤプーズ、という気持ちもありましたね。ニューウェイブやってるのは私たちだけになってしまったとか、流行じゃない、廃れたジャンルをやってるという気持ちをひっくり返して、開き直ってこう思おうと。

これはバンドブーム終わりかけの頃でしたね。バンドブームの時はヤプーズは活動してなかったの。メンバーが人のサポートの仕事に追われて、お互いに忙しかった。で、バンドブームが終わる頃、時間もできたし、またやろうなんて。普通、逆ですよね。でも、バンドブームに乗らなくて良かった。

この頃の歌詞はスタジオで書いてました。曲が先にあって、書いている間にもうアレンジが始まってることもある。この曲では泉ちゃんが2番を書きたいっていうから、じゃあとツーコーラス目のAを書いてもらった。これは本当に合作なので、だからでしょうね、そんなに自分が書いたって感じがしないですね。泉ちゃんは、ヤプーズをポップに、ポップにしようとしてたの。王道の売れ線にしたがってた。

一人感はほんのちょっと出せばいいと思ったの。横文字で「Sometime I'm no friend. Everytime I have no friend.」というところだけで。あとは「陳腐な孤独なんて感じない」「泣きたくないのに 流れる涙は淋しいからじゃない 決して」と否定してる。それで十分だと思った。寂しい寂しいと言ってると孤高さがなくなるでしょう。「私は孤独で豪華」ではなく、「孤高」だから、孤独を嘆いてはいけない。豪華じゃなくなっちゃうから。そして、言葉では否定していて、メロディでは寂しいということは分かるというような。孤独なんて感じない、泣かない、寂しくないと否定することで、逆に孤独や寂しさが強調される。言葉が平たい歌詞じゃないですか。寂しい寂しいは、平たい言葉では嫌なんですよ。軽くなるから。

憤怒の河

シュトルム・ウント・ドラング　謝らないわ　ハハハ
失うものなど何もない　何ひとつ

タイトルは、私が小学生の頃の映画『君よ憤怒の河を渡れ』から取りましたが、憤怒は「ふんど」と読むんですよね。ちゃんとルビが入ってる。でもその時の辞書で見ると「ふんぬ」だったんですよね。「ふんど」の方が良かったけどね。

これは、作曲者の比賀江（隆男）くんから、タイトルを「春のスカート」にして歌詞を書いてくれ、と最初に言われて歌詞をつけてたんです。「ひらひら揺れる春のスカート 可愛らしく生きていたいの」というところしか覚えてないですが。で、「ちょっと違うなー。いったん春のスカートを忘れて、好きなように書いてくれ」と言われて、「それじゃあ書いちゃうよ？」なんて。こうして、「春のスカート」からは極限まで離れていったわけです。映画からタイトルはもらいましたが、中身は全く関係ないんです。「ふんどの河」という響きが好きというだけでした。伊勢丹の前を馬で走る（？）くらいしか覚えてないんです。

けっこういきなり「出刃握りしめて」と始まるわけですが、この出刃で誰かを殺したか？　ということになると、血しぶきは上がってますが、これは河の水ともとれるように。水をバシャバシャ蹴って走って行く。血でも水でも、誰か殺しても、どっちにとってもいいです。

ヤプーズのメンバーは、「出刃握りしめて」というのはなあ。俺はちょっとどうかと思うな」という意見がある反面、「親の顔だけ脳裏かすめるが」というところはいいとみんな言ってましたね。

　そもそも「親兄弟もいるし」（「赤い花の満開の下」）、「止める親兄弟」（「コンドルが飛んでくる」）、「親のためでもなく」（「吹けば飛ぶよな男だが」）と、親はよく出てくるんです。この歌で「親の顔が脳裏かすめる」のは、出刃握りしめて走って行く時ですね。人を害めちゃいけないとか、警察の厄介になっちゃいけない。そういう際にいるとき、親の顔が浮かぶ。「失うものなど何もない」というのだけは、その時本当に思ってましたね。失って困るような自信もプライドもない。そういうところ、自由。「失うものなど何もない」なんていうことさえ言えちゃう。でも意志の強さは自分の中にずっと感じていて、それだけは失わない。何年も後に、いっぺん、おかしくなって失ったことありますけど、その時以外、意志は強くありますね。

　前に進む感じは「赤い戦車」にも通じてますね。覚悟を持って、「蛹化の女」のような諦めではなく、能動的に自分の足で立つ。でも、作った当時は自信がついたという感じでもなかったですね。才能にも実績にも自信というものはない。自信や才能より、私は意志を信じているんですね。ちなみに、「勝てるわ」と言ってるのは、自分に対して、です。

棒状の罪

バトス滾る貴方が狂気みたいな棒状の罪で
私の中で慟哭　漆黒の夜が荒波のよう

これはね、最初、もっとずっと赤裸々でエロかった。メンバーは嫌がって、特に一人は「これをやるんなら俺はヤプーズを辞める」と言うほどでした。

もともと、他のメンバーの歌詞ができていて、曲は中原さんですが、中ちゃんとスーちゃん（比賀江隆男）が反対して、私が書いてみたんです。それがその赤裸々なやつで、それをみんなが嫌がって、ヤプーズ辞めるとまで言われて、私はもう恥ずかしいし、歌詞なんか書きたくないと思って、レコード会社のロビーのソファで寝ちゃったの。そしたら、中ちゃんが、その赤裸々を土台に書き直してくれと言いに来て、「男を見た！　打たれたから書く！」とか言って、すぐに書きました。最初のやつをいちばん嫌がってた人も、パトスだとか、スティグマだとか、従属だの、アウグスティヌスだの、そういう硬い言葉をちりばめれば、ころっとＯＫになりましたね（笑）。最初のは、本当にあからさまで、もう記憶から抹消して、思い出せるのは「両足の間に燃える原罪」くらいだけど。「硬い言葉」はキリスト教的な倫理や道徳における罪、と設定したので、こういうのが並んだということですね。

「ベラスケスの珍しい絵」というのは、裸婦の絵で、寝そべっている裸婦の後ろ姿を描いているんです。ベラスケスの裸婦はあまりないし、ベラスケスにしてはエロティック。タイトルは、当時、ちょっと前くらいかな、付き合ってた人が歯を磨いている時に、右手で握って「棒状の罪！」って耳元で言ったら、歯ブラシ吹き出しちゃった、という出来事があったんですねー。それは幸せな恋だったんだけど、このレコーディングの後くらいからバタバタしてきちゃって。喧嘩したとか失恋したというのではなかったけど。この頃、ゲルニカが再活動することになって、付き合ってた人は、私と上野（耕路）さんが一緒にやるのが嫌だったみたいで、それは恋でも愛でもなんでもなかったのに、そう思っちゃって。胃に穴が空いたり、喧嘩っぽい言葉を言うようになってしまったので、私は一緒に住んでた部屋を出ることにしたの。一方、上野さんちに行くと、古いアパートで、仕事場にしている部屋も狭いところで、しかもゴキブリが出るらしくて、牛革の辞書の表紙がゴキにかじられている。ある時、上野さんが、ゴキが交尾していて怖くて仕事場に入れないと言っているので、再開したばかりだし、この上野さんの才能を劣悪な環境に埋もれさせておいてはいけないと思い、広尾の仕事場のあるマンションを借りて、一緒に住みましょうと言ったんです。上野さんはいままで通りの家賃を私に払ってくださいと。上野さんは家庭料理も上手かったから、それも良かったですね。良い共同生活だったと思います。広尾の高いマンションでしたが、上野さんの仕事部屋も、きちんと完備できましたし。

ゲルニカとヤプーズの合同忘年会をやったのも良い思い出です。吉川（洋一郎）さんが広くて浅いすし桶を持ってきて、炊いたご飯をそこに入れて、酢を適量入れて、「こうやってしゃもじを縦にして切るように混ぜるのがコツなんだよー」と酢飯を作って、ネタも海苔も買ってきてあったのでみんなで巻き寿司にして食べました。そのあと、うちにツイスターゲームがあったので「ツイスターやろうやろう」とみんな喜んで、でも「私はＧパンを履く」と言ったら、「そんなのツイスターじゃない！」と猛反対にあって、仕方なく、スカートの中に「バーバラ」の時の革のホットパンツを履いた。みんな渋々妥協して、それでやることになりました。誰かがルーレットで青を出して、青のところに手を置こうとすると、もうみんな絡み合っているものだから、「そこの足をちょっと退かせ、俺の手を青に持ってかなきゃいけないんだ」と言うと、「だからそこには俺の腕があるだるという」とか、「いいから早くしてくれ、俺の脚がもう限界なんだ」とかやっているうちに、何度ももつれて倒れるというのを繰り返して、ツイスターならではの醍醐味でしたね（笑）。

去る四月二十六日

水　牛乳　自滅する青いガイア
もうやめてよ

やらない、やらないと言いながらの社会派ですね。こう言っちゃ悪いけど、苦肉の策。書けなくて。社会派は避けてきたけど、避けて避けて、『大天使のように』の最後にこの曲が残って。中（原）ちゃんの曲で、どうしても書いて欲しいと言われて書きたかったし。

「もうやめてよ」というこの一言、漠然と書いたんだけど、当時、テイチクは上の方で電力会社と繋がっているということで。それでディレクターが「もうやめてよ」というのは、「〝原発はもうやめてよ〟という意味ではなく、〝事故はもうやめてよ〟という意味です」って言っときましたって。それで直さずに通ったんです。

そのディレクターは、この頃、phewの『view』というアルバムが出て、テイチクで同じディレクターだったんです。そのアルバムには「みな殺しの緑」っていうのが歌詞にあって、それはきついって、変えてくれないかと言われたんだけど、それもそのディレクターが、「五月に緑がわーっと生い茂って、その香りや色にみんなクラクラしてやられてしまうくらいの美しさだ」と説明して通したという話もありました。

チェルノブイリの事故に関してはショックでしたね。外国では絶えず戦争は起きていますが、私は自分が暮らす国の戦争を体験した世代ではありません。でもやっぱり唯一の被爆国に生きてる。それが戦争でなくても被爆の恐ろしさは他の国の人よりリアルに感じると思います。チェルノブイリ原発の事故は、私の世代が初めて核の恐ろしさをリアルタイムで感じた悲劇だった。このショックで、社会派の歌詞は極力避けたいと思ってきた私でも、さすがに書きました。日本でもあるかもしれないとも思いました。

　何より怖かったのは、妊婦の話です。放射能の影響は何万年と続きますが、あの時、そういうものが風に乗って世界中に飛んで行ってたんです。西ヨーロッパでも牛乳やほうれん草で高い放射能値が検出されていました。爆弾が投下されて、即座に何万人もの人が死ぬのも恐ろしいけど、お腹の赤ちゃんが被害を受け、場合によっては何万年もの間、人間だけでなく、動植物、生命に影響が残るということはもっと恐ろしかった。妊婦やお母さんがそういう未来を不安がらずにはいられないというのは本当に怖いと感じました。人がたくさん死ぬということは、とっくに世界中でたくさん起きている。決して慣れてはいけない、戦争は絶対いけないけど、この日、日本にいてさえ直面したのは、戦争と別次元な核の恐怖でした。お母さんがお腹の赤ちゃんを産むことを不安がるというのは核ならではの怖さで、そこが、この歌の中でいちばん力の入っているところですね。特別な事件ですよね。私は、実際の事件はこれ以外には取り上げてない。自分の世代が直接巻き込まれる戦争はまだ起きていないですが、事故には生々しく巻き込まれるとわかった事件でした。

　メンバーからの反対は全くなかった。もともと社会派はやめろと言われていたわけではなかった。まあ、好きではなかったと思いますが。でもライブでやったことはないかも。打ち込みで作っているから、バンドアレンジが難しいんです。

森に棲む

疲れたわ　ここで休むわ　私の背負うすべて捨てて
薄れゆく記憶の中に　樹木の意識が流れ込んでくる

　これは「蛹化の女」と同様、戸川純の昆虫変身願望ですね。変身願望はずっと続いてます。本当は「レーダーマン」も、最初は批評性、社会批判ではなく、レーダーマン、というか、機械になりたかったんです。どこかに「宮沢賢治の鉱物結晶願望。戸川純の昆虫変身願望」って書いてあったことがあったんですが、「鉱物結晶願望」っていいねえと思いましたね。

　この歌の「疲れたらここで休むわ」と「去る四月の〜」の「もうやめてよ」で、みんなに「相当疲れてるなあ」と言われてましたねえ。歌詞に苦労してたから。

『玉姫様』の時のような疲れとは全く違ったんですよ。『玉姫様』の時も女優の方が忙しくて、レギュラー3本の合間を縫ってライブをやっていた。失恋とかゲルニカのゴタゴタがあったり、いろいろあったから、精神的に悲しくてボロボロだった。眠る時間もなく働いていた。言わば「家畜海峡」的な。まあ、望んで入った道だから「家畜海峡」とは違うけど。

　この時は物理的に多忙な上に、ヤプーズとゲルニカのアルバムを交互に出して、ツアーもあったし、バンドは集団行動だし、女優もやってたし。ヤプーズは歌詞を書くのが大変だったほかに、いろいろまとめるのも大変でした。電話で2時間、歌詞を変える変えないで話したり。ヤプーズはヤプーズによるセルフプロデュースなんだけど、場合によっては「俺が俺が」もあり、「自分以外の奴は嫌」という人もいたり、「純ちゃん何とかしてよ」

というのもあった。そんな中で自分も歌詞が書けなくて。

自分ではついに枯渇したと思いました。そのあとまた書けるようになったけど、「ここまでかなー」と思いました。

枯渇といえば、それよりも、いま、骨折によるブランクで、私は歌が退化しちゃったことが問題なんです。ファルセットが一時的に出なくなって、訓練を重ねてまた出るようになって、まだまだリハビリ中、とかですね。だから、いまはそれを元に戻すことに集中している。「歌う」ということについて、一生懸命、自分なりにやってるんで、今は歌詞を書くこと以外にやることがあると思ってます。「歳を重ねて、声が出なくなるのは当たり前だよ」なんて、みんな慰めてくれるけど、ちっとも慰まらない。ハイテクノロジー・スーサイドというパンクバンドの「骨」という曲をいぬん堂の石戸さんに頼まれてカヴァーしたことがあるんです。石戸さんが、私が骨折しているというのに、「骨」という曲を持ってきて、「覚えといてください」と。で、退院してギプスした状態で、スタジオに行って録った時、ファルセットが縦横無尽に出てた。それから2年ブランクがあり、ライブやろうかなと思って、中（原）ちゃんが（福原）まりちゃんという友だちと一緒にやればというんで、ファルセットを出そうと思ったら、地声が1オクターブくらいしか出なくて、すっごく焦った。こんなになるものかと。そこから訓練して、いまくらい出せるようになったの。でも、歌詞を書かなきゃ、というときはがんばらなきゃ！と思いますが。

ビデオ『ヤプーズ計画』には入ってたんです。吉川洋一郎さんがNHK用に作った曲がすでに出ていて、それに歌詞をつけてくれないかというのでつけました。最初、ライブでだけやってた。ライブビデオには入ったんだけど、アルバムには入ってなかった。もともとインストだったんです。

私の歌詞は、情景から入るのが多いんですよ。「空の彼方に浮かぶは雲」（「諦念プシガンガ」）とか、「闇を走るエアーカーで 光るチューブのハイウェイ」（「バーバラ・セクサロイド」）とか。これも「青草の川辺」から入ります。で、前半の可憐ではかない雰囲気から、ストーリー的にはどんどん重めになるんですね。歌い方でも強調してたりするんです。

はかなさから入ってしぶとさへ。これは主人公に明確な意図があったんじゃない。そもそも彼女が入水することを、男の人は知らなそうだし。あるファンの人が言うには、この後の悲惨な運命というのがあって、トイレで流されちゃうんだって（笑）。でも、そんなことない。へばりついてるんだよう、細胞が死んで流れちゃうんじゃないんだよう。一体化するんだよう。と思うんですけどね。

「笑わずにはおれない」というのは、すごく喜んでるつもりで歌ってる。むしろ、生前より一緒になれた喜びです。「ねえ ヒメジョオン」というところのヒメジョオンやサンゴ礁は友達みたいですよね。情景描写として、小川にヒメジョオン、海にサンゴ礁を持ってきたんですが、喉にへばりついて一体化、までは嫌なヤツっぽくないと思うんだけど、「おかしくて笑わずにはおれない」というところは嫌なヤツかな。

しつこい、ではなく、不屈。でも、これ、最初はうれしくて笑うんだけど、次はおかしくて笑いますね。やっぱりちょっと、最後の「おかしくて」は、相手の男が気づかないことに対して「してやったり」感がある。その男の人に対しても、強い思いを知らない、じゃなくて、入っちゃったことを誰も知らない、私がこんなことしてるなんて。という気持ちで、いたずらと言うと軽いですが、裏で舌を出しているようなたくましさも出しました。

サンプルA

青草の川辺に 落とす涙で
輝く川面に浮かぶウォータークラウン
私は切なくて 泣かずにはおれない
私は切ないのよ ねえヒメジョオン

まだ冷たい川に 身体を沈めて
息が止まっても 誰も見つけないで
私は腐乱して 川に溶けゆく
私は溶けるのよ ねえヒメジョオン

この小川を流れて

やがて青い海へと
ああ8月の海になるわ
そうあの人は海が好きなの

漂う浜辺に あの人は来たわ
変わらぬ姿で 彼女と泳ぐのよ
私は嬉しくて 笑わずにおれない
私は嬉しいのよ ねえサンゴショウ

潮に乗って流れる 私を飲む喉へと
ああ8月の奇跡になるの
そうあの人と一つになるの
ああ誰一人知らぬことだなんて
私はおかしくて笑わずにおれない

大天使のように

苦渋と砂のように噛んで　最後に振り返るとそこに
ミカエル　ガブリエルのように　輝くあなたと見たのよ

これは流行り廃れと関係ない、天使は昔からいるものだし、未来も出てこないラブソング。タイトルはバタイユの詩集です。で、「大天使のように」は前に詩として発表したことがあったんです。それは評判が良くて、歌ってほしいというリクエストがけっこうあった。バタイユにはガブリエルやミカエルは出てきません。バタイユの場合、意味が分からないから、タイトルだけもらいました。綺麗だなーと思って。

このレコーディングでは山中湖のスタジオで合宿をしていたんです。それで、その休みの日に、メンバー4人くらいで富士山の五合目に、中（原）ちゃんの水色のおもちゃみたいなシティに乗って行き、帰ってから仮歌を入れてくれというので、♪らららんらららとやっていたんですが、行ってきたばかりのドライブの風景をそのまま歌ってみたんです。「雨が降っていたわ　とても寒かった」と。車に乗っていたので、「フロントガラスに霧雨が降っていて」「五合目に青い車止めて」「雪が残っていた」と、この部分だけ、らららじゃなく、歌って、後で他の部分を書いたんです。でもこの後はさーっとは書けなかった。霧雨とかはやめて、原案にした、以前の詩をあてはめるのにあれこれ工夫して。原案には「五合目」や「青い車」は出てこない。「すごく綺麗に見えた大きなもので尊かった」「自分がちっぽけに見える」というような感じでした。「大きなものが見えた」は実体験ではないですが、「自分がちっぽけに見える」のは実体験ですね。詩の方ではもっと自分を醜く書いてます。歌にするにはポップじゃないし、メロディに入らないからずいぶん変えましたけど。

アルバムのジャケットは、羽の具合は良くできてて、でもジャケ写の目が小さく見えて、雑誌の記事になった写真のうちの中の、ある写り方がいいのだけど、あんなふうにするにはどうしたらいいのかな、どうしたらこういう写真になるんだろうと、ライブや女優の方のスチールとかでいろいろ研究して、真上から照明を当てれば良かったんだ、と思い、私の写真集（『JUN TOGAWA AS A PIECE OF FRESH』到文社、後に『戸川純 JUN TOGAWA AS ONLY A LUMP OF MEA』と改題で復刊ドットコムより復刊）の表紙でリベンジした感じですね。女の人に、真上から照明を当てるのは、残酷、と言われてることをあとから知ったのですが、なるほどというか、毛穴とかみんなアラが強調されちゃう当て方なんですよ。でも、男の人みたいでいいやー、とその照明にしました。見ようによっては選挙ポスターにも見える表紙になりました（笑）。自分でコンテ描いて撮影に臨んだから、照明の当て方も、指示させてもらいました。でも、『大天使』のジャケ写には、合わなかったかもなあ、あの照明は。人間的すぎちゃって。『大天使』は人間人間しないほうがいいから、といまは思うけど。あと、私のアップというのもどうなのか。全員が顔を出すのも散漫になるけど、自分ばっかり映るのものね。

吹けば飛ぶよな男だが

底辺の者よ 労働者諸君よ
忘れまじや若き日に 抱きし大志をば

『昭和享年』からシングルカットした「バージン・ブルース」のカップリング曲です。このレコーディングの後、椎間板ヘルニアの手術をすることになっていて、うまくいかなければ下半身不随になるかもしれないと言われ、そうなったらこれが最後のレコーディングになるのかもなという思いもありました。同名の松竹喜劇のインストのテーマ曲（山本直純作曲）に歌詞をつけました。「底辺の者よ、労働者諸君よ」なんて呼びかけているのは私の歌詞では珍しいですが、これは山田洋次監督の人情喜劇という映画の内容を思いつつ、手術前、そして手術後への不安を抱く自分を鼓舞する気持ちもありました。「女優になる」という大志、夢をとりあえずは果たしていたものの、手術に失敗したら挫折するかもしれない、それでもこの夢をみていたことを忘れるなと。それから女優という仕事は、やってみると、思い描いていた以上に激しい肉体労働でした。それまで労働に憧れていたのに、実際に始めてみたら「これが労働？ これが女優？」みたいな。なので、「労働者諸君」と言っても左翼的なニュアンスという以前に大きな現実だったんですね。

歌入れのスタジオには、車椅子で行ったんです。やはり覚悟や緊張はありました。「親のためにではなく 彼 彼女でなく ひとりおのれ自身の為だけに歌おう」という一人感は、病気や手術とは関係なく、ずっとあるものでしたけど。

吹けば飛ぶよな男だが

星のように光る汗流しながら
ぼうだ滝流るる如く 泣きながらうたおう

底辺の者よ 労働者諸君よ
忘れまじや若き日に
抱きし大志をば

親の為にでなく 彼 彼女でなく
ひとりおのれ自身の為だけにただうたおう

さあ底辺の者よ 労働者諸君よ
忘れまじや青き日の
輝ける夢とば

さあ底辺の者よ 労働者諸君よ
忘れまじや若き日に
抱きし大志とば

アンチ・アンニュイ

退屈なんて　意味も忘れたわ
刺激なんていつも　飢えたこともないし

ずっとループしてます（笑）。泉（水敏郎）ちゃんには、売れ線、ということではなく、でもヤプーズを変えたいという思いがずっとあったんですね。この歌詞は曲に合わせてムードで書きました。だから珍しく情景描写もない。

　このアルバム『ダイヤルYを廻せ！』は、最初からコンセプトを「犯罪」と決めていた。キャッチコピーは「犯罪集団Y、犯行を自供。ヤプーズに情状酌量の余地はあるか？！」。コンセプトを立てないでやると、『大天使（のように）』みたいになる、と言いますか（笑）。とは言えゲルニカみたいにコンセプチュアルなものは、ゲルニカ以上のものはないでしょうから、ヤプーズの場合、ガチガチにコンセプチュアルにはしない。まあたとえばこの曲では「ルガーの重さの興奮」とか「指切るくらいのシャープなピン札」とか、どこか雰囲気的に犯罪の匂いがする、までを含めてますね。

　ただ、この歌詞には主張ははっきりあるんです。私は小学生の頃から「アンニュイ」と言われていた。時代的には全共闘が挫折してしらけちゃった気分が小学生にまで蔓延していたというのもあるし、特に新宿にはそういう若者の風景が日常的な風景としてありました。小学生の間でのいちばんの褒め言葉が「渋い」でした。教師が言う冗談に笑うと馬鹿にされた。そういうのには「ケッ！」とするのが正しい態度、そんなひねくれた小学校時代でした。だから、〝アンニュイ〟というのは褒め言葉っぽい、かっこいいイメージでした。冷めている、しらけているというのがカッコ良い時代だったから。努力、根性はカッコ悪いという風潮。でも私は努力も根性も好きでした。

というのは、私は小学生の時、「学業に支障をきたすから」の他に「才能がないから」と言われて劇団を辞めさせられてたんです。でもバカな子どもだったから、それで傷ついたりはしなかった。テレビに出ている人全員が才能あるようには見えなかったので、才能がなくても、努力と根性でも女優になれるんじゃないかと思ったんです。小三で才能がないと言われて、その前から私のプライドの芽は摘まれていました。子役ってプライドが高いんです。エリート意識がある子が多い。私は早くにそういうものをなくしていたので、逆に楽だったと思う。

そういうわけで、とにかく才能よりガッツだと思ってました。その後もいわゆる人生応援ソングは他にたくさんあるけど、どうも共感できない。ある人に「あれはあんまり苦労してない人の歌なんだよ」と言われたことがあって、それは目からウロコでした。私は笑いが好きなんで、こう見えてドライな面もあるし。ちなみに、ルガーにしたのは、コルトだと重さが足りないから（笑）。銃は好きです。トカレフとかのチャカだけでなく、ドスも。子どもの頃から、クリスマスプレゼントは何がいいと言われると、顕微鏡とかトランシーバーみたいな、いわゆる男の子っぽいものを欲しがったり、中学の時はクラスの〝鉄ちゃん〟たちとすごく話があってた。小さな頃は男の子になりたかった。高校受験をインフルエンザで失敗して、女子校に入ることになった時には、女しかいないことが本当に嫌でした。私をいじめないでくれた男の子に混じって話している方が楽だったんです。考えてみると、男の子の趣味ってアンニュイじゃないんです。アンニュイというのは無防備。女の子を無防備にさせる風潮というのがどっかにあったのかもしれないですね。

ところで、私が新宿にこだわる理由もこういう時代が関係してるんです。学生運動、新宿フォークゲリラ、フーテンのようなものがあり、時代を象徴する街だった新宿が、次の時代には「もう古い」と言われることになった。〝流行りの街〟は原宿、そして渋谷、青山へと移って行ったんですね。とくに、ちょうどテクノ／パンク／ニューウェイブの頃、新宿はすごく否定されていたんです。まさに流行り廃れ。小洒落た人はみんな「嫌いな街、新宿」と言っていた。私は（戸川）京子と一緒に、そういう風潮に反発していて、「新宿好き」って約束したんです。単純に生まれ故郷だから。「新宿カッコ悪い」――確かにゴミためのような、色と欲の下品な街だし、当時はもう思想が背景にあるような文化もなくなっちゃってた。まだゴールデン街で演劇の人は語っていたらしいけど、蜷川（幸雄）さんもやってたような「新宿の地下で演劇をゲリラ的に敢行して警察に通報された時点で逃げる」みたいなものはなくなり、東口のフーテンがいなくなり、やがてＡＬＴＡができて「笑っていいとも！」（フジテレビ）が始まった。もう街というよりＡＬＴＡ。別に新宿じゃなくてもいい。でも、そういうのを全部取っ払ってみて、私は当時、下品は承知で新宿が好きだったんです。

芸能界に入ってからも、私は〝アンニュイ〟と言われたし、これからも言われるんだろうなと思っていたけど、でも自分ではこう思ってるんだと言いたかった。「トーキン・バイ・マイ・ジェネレーション・アハ」と歌詞カードにありますが、これ、本当は「トーキン・アバウト」なんです。新宿という土地柄や時代もあるけど、それによって生まれた世代論的なものもある。ちなみに「マイ・ジェネレーション」はザ・フー。ザ・フーだけは、パンクに唯一リスペクトされてたバンドですからね。アンニュイとか三無主義という言葉が蔓延していた時代に育った「マイ・ジェネレーション」という背景描写。

私は〝アンニュイ〟とか〝暗い〟とか〝変わってる〟とか〝気持ち悪い〟とか、芸能界でも中学時代と何も変わらず言われてましたね。でも一部で可愛いというのも変わらずでしたが（笑）。それらが嫌で嫌で、でも自分の個性というものは人が決めるものだと思ってますので、だからこの曲で「この際、はっきり主張しよう！」とか「分かってもらおう」というほどの決意はないんです。あくまでも曲のフレイバーですね。ムードが出ればいいんです。

Men's Junan

つらいんだねと私の為に　それでも涙ぐんでるあなたの
涙はあまりに尊すぎて　もう二度と二度とすまいと思う

この主人公は、自覚があるかどうかは分からないけど、とてもつらいわけです。彼女は「さよならをおしえて」の主人公のようなストーカーとは違う。相手は付き合ってる恋人なんですから。「つらいんだねと　私のために　涙ぐんでるあなた」がいる。この「つらいんだね」という一言は大事で、男性のこの言葉で、彼女が「つらい」のだということを、聴いている人に伝えたかったんです。「おーはーよー」とか言ってるけど、とてもつらい、そして彼だけはわかってくれている。「さよならをおしえて」の主人公の標的は好きな男性ですが、この歌の主人公が戦っているのは、社会、というか、周囲です。いや、常識や企業社会と言ってもいいかもしれない。社会と女は対峙していますが、この男性はそこをも凌駕していますよね。社会・常識vs女。この男のイメージは、すごくすごく心の広い深い人。だからこそ「受難」なのでしょうね。最初の頃、露骨に嫌そうな顔してるうちはまだ普通だったかもしれないけど、終わりの方では、受難ともなる。

最初、彼女はつらいから、彼の首を絞めたり、割腹しようとしたり、おかしくなる。本当はもっと穏やかに幸せに暮らしたいのにそれができない。そのことを彼は理解してくれる。だからこそ反省するけど、反省して「この人が好き」と思うとまたやってしまうの。愛されていて、甘えている。

「窓を割って入っちゃったよ　お早う　露骨に嫌そうな顔にKiss」や「ネクタイしめてあげる　愛してる度合

い分　窒息しかかってる」というあたりは、寂しい。私のテーマの一つである「一人感」ですね。ずっと一人感、一人感と言ってますが、孤独という言葉はなるべく言いたくない。振り返ると子どもの頃の事も含め、何度も孤独という言葉を使いたいと思ったことは本当に多々ありますが、そこまで言ったらおしまいみたいな感じがして、それでも孤独という二文字が頭から離れない時は、私はこう思うことにして来たんです。これはまだ、孤独じゃないと。

だけど、「純ちゃんの気持ちは私だけがわかる」「私の気持ちは純ちゃんだけがわかる」という人がけっこういまして、私はそう言われたり、そういうお手紙をいただくたび、「私の何を知ってるんだ」って思う。いま書いている途中の小説で、ここがテーマというところの一つに、「孤独な者同士が運命的な出会いをして、というような戯言を絶対信じない、いかに仲よくとも、お前と俺は平行線のままだ。交差することはない。ただ、手は握ったままだ」といったくだりがあるんです。つまり、孤独な者同士がやっと運命的に出会い、二人にしかわからない世界で生きていくということは私はまず信じない。どこまでいっても、互いに分かり合えない。私は仲間意識というのは苦手。仲間という言葉も嫌い。極端に言えば、個々それぞれが集まって集団になるけど、あくまでもまず個々がある。「一人感」というのはそういうことです。

この人は、だから寂しいんです。その一人であることの寂しさが「つらいんだねと私の為に　それでも涙ぐんでるあなたの涙はあまりに尊すぎて　もう二度と二度とすまいと思う」という相手を思いやる決意に至らせる。私の歌詞には運命での出会いは出てこないはずです。「私もうぢき駄目になる」でも「大天使のように」でも、相手を「天使」と呼んでいる。人間同士じゃないんです。人間と天使の出会いって運命的ではない。〝運命だから〟ではなく、〝天使だから〟優しいんです。この歌の男性も天使っぽい。

ラブソング以外を書くときは、圧倒的に「一人」なんです。「赤い戦車」もそうだし、「吹けば飛ぶよな男だが」では「底辺の者よ　労働者諸君よ」と言ってるけど、その前に「一人、己、自身、のため、だけ、に」とくどくどく「自分だけ」と言ってる。ラブソングじゃないときは「一人感」が如実に顕著に出ますね。決して、人を受け付けない、信じないというのではなくて、こういう人に会った方がジンとくる。君と僕は一体だよとか、運命の相手だと言われても、「はて?」という感じ。〝仲間〟より〝同志〟や〝同胞〟の方がいいかな。はらからは兄弟。志を同じくし、同じ方を見ているとか、価値観が近い。でも違う人ですね。同じなはずがない。

ちなみにこの名刀の「菊の本山」という銘柄は架空のものですが、菊の字が入ってるからと、レコード会社が心配していました。ちょうど、吉祥寺でいい包丁を買ったんです。最上段の棚の高いのを「あれ下さい」と言うと、おじさんが「切れるように研ぐから、20分どっか行ってて」と。その包丁に本山って彫ってあったの。これに語感だけ「関の孫六」を合わせてみた。

3つ数えろ

あと3つ数えたら　私は生きることが
生きるなんてことが怖くなくなるのよ

これもタイトルは映画（ハワード・ホークス）からです。さらにデリンジャーとベレッタ92も銃の名前。それから、「3・2・1・0で4つ数えてるじゃないか」と突っ込まれましたね（笑）。

3つ数えたら「生きるなんてことが怖くなくなるのよ」というところですが、私には生きることへの執着がすごくあるからずっとそれを歌ってきたんだけど、その覚悟みたいなもですね、「怖くなんか怖くなんかないわ」は。人を殺すことよりも、生きることの難しさ——そういうことは年がら年中思ってます。ずっと、その連続。昔から、気を緩めると生への執着と表裏一体のところがある。生への執着と渾然と溶け合ってるのは「蛹化の女」の「思いすぎて変わり果てた私の姿」のような気持ち。虫に変身しても、それでも生きてるという。でもうっかりすると、私は死の方へ突進してしまいそうなところもある。この歌なんかは生への執着と、うっかりすれば死に引きずられてしまいそうな怖さの中間にいる感じです。私は、いまは違うけど、死を、どっか美化していたことがある。楽になるというか、救いというか。でもそのことで、自分の生への執着がメキメキ強くなったという感じはあります。

ちなみに、ここでコーラスしているのが妹なんです。レコーディングに遊びに来たから、ちょっとやってくんないと言って。私と声質が違うから分かりますよ。「3、2、1、0、の コーラスしてー。」って。「最後のカウントダウンは切羽詰まった感じでお願いします」というと、（戸川）京子は女優だから、何を要求しているか、本当にすぐ伝わるんですよ。

主義や主張を声高にして訴えることも自粛して来て
善人になりたかった　良い人になりたかった

供述書によれば

山中湖のスタジオでレコーディングしていて、みんなすごく頭使って考え込んでアレンジしてたんです。で、細かく音を重ねたり、エフェクトかけたりといった作業に、みんな鬱屈として、ほんとに頭が疲れてた。そんな時、中（原）ちゃんが、一発録り用の曲を作ってきて、それこそ泉（水）ちゃんのワン・ツー・スリー・フォー！で始まって、一発で録った。なので、これはもう鬱憤をすべてぶつけたサウンドになってる。それに私が後から歌詞を作って歌を入れたんですけど、ミキサーの人に「器用に字数はめるねえ」って言われた。

ぱっと作ったような曲ですけど、自分が世間様を騒がせるようなことをしてしまった後に読むと、作ったときにはまさか思ってなかったような意味を持っちゃう。「なんでなんで　こうなったのか」「どこでどこで　まちがえたのか」「なんでこんな　とこにいるのか　なんであんな　ことをしたのか」という4行ですね。犯罪じゃなくても、もっと小さなことでもこういうことはありますよね。この歌もタイトルが違えば違う意味にとることもできるかもしれない。私がライブで歌う前にタイトルも言うのは、タイトルも歌詞の一部だと思ってるからなんです。これや「赤い戦車」、「諦念プシガンガ」などはそうですね。

「従順ぱさや束縛だけが　友だったといや友だった上に」から「主義や主張を声高にして　訴えることも自粛して来て　善人になりたかった　良い人になりたかった」というAの部分は、全部、自分のことです。まさに人格形成の基礎の時にこんな子どもだったから、だからこういう衝動に襲われた。Aの部分がなければ他人事なんですよ。自己主張をしてこなかったために、小さく見られていた。一個の人格として、どうしようもなく、他人からも家族からも、そして自分自身からも、並以下の過小評価をされてきていたと思います。自分も自分を小さくしか見れない。

夜へ

灯りさがしにゆくとき　勇気というより本能
夜へと　闇へと　なんぴとも阻止できず

当時、トヨタだったかが、その車を持っている人全員に会報誌を配ってて、作家やミュージシャンが月に一回、3ヶ月ずつ、毎回違うイラストを見て詩をつけるという企画があったんです。私の回は上層部の評判が良いということで、それを9ヶ月くらいやったんですが、そこで書いた中の一つを改変して歌詞の形にしました。ちょうど吉川（洋一郎）さんの曲に合うと思って、曲に合うように歌詞をアレンジしたんです。

ちなみに、その会報誌の中でいちばん好きだったのは何の形にもなっていませんが、「もっと愛して」というやつです。タイトルだけ聞くと演歌みたいだけど、そういうことを恋人に言ってる。

「もっと愛して　こんなになっちゃった地球で　こんなになっちゃった世の中で　もっと抱き合っていないと
もっと愛し合っていないと　震えながら目を見開いてそう訴える私に　今日はどうしたんだなんて言わないで
もっと愛して」

というんです。

で、「夜へ」ですが、「そびえ立つ山さえ　越え行くの」は、夜になって「山が消える」でした。核になっていたのは、「反省なんかしてなくて　後悔こそしてないの」というところです。当時、あるインタビュアの方が間違えて「僕、あそこの『反省なんかしてなくて　後悔こそしてるの』が好きです」って言ったんですが、「あ、そっちにすればよかったかな」と一瞬思った。でも、後悔はしない主義なので（笑）。反省はよくしますけど、反省はその時の一つのことを直して、間違えちゃったなあとか、できなかったなあと直していく。例えば、今日は遅刻して申し訳なかったと反省はするんだけど、それはこれからどうするかを考えられる。反省というのは次に活かせる。だけど後悔は衝動的なことに対してするもので、もう取り返しがつかない。だからそれはしたくない。例えば、誘蛾灯に集まる蛾は、本能的にしている。もしも蛾に考える力があれば、あのとき突っ込まなきゃよかったと思うでしょう。

　この歌では、「何人も阻止できず」「後悔してない」と言いつつ、本当は悔やんでいる。つまり、失敗してるということです。失敗と思いたくないけど、あれは誰も止められなかったんだ、自分自身にさえもと。気持ちは激しいけれど、曲調は静かです。「刻々と　淡々と　凛凛として悠悠と　神は止められるって？　いいえ神が行かせるの！」と、神のせいにしてるんだね。

　ここまでの強い意志は、もう私個人のものではなく、神に与えられた才能、でもなく、神に与えられた意志、ですね。私はいま身体がなにかと不自由なんだけど、こういうことでは諦めてないんです。若い頃に書いたのって、いま見ると、変わってないなと思いますよ。こんなの書いてたのか、変わってないなと。ただ、そこそこにしないと、衝動で燃え尽きちゃったらいけないという気持ちもあるんですよ。

ヒステリヤ

溢れた涙で咲かせたヒステリヤ
いろいろあったわよね　覚えているわ　この花が

この歌はフィクションだと言ってきたけど、自分が書くものは、自分の中に、ある程度ないと出てこないですね。まあ、〝虚言癖〟とかは、まったくなくても出したことありましたが。

「ヒステリヤ」は作曲も自分でしてるんですが、この時は全員が作曲できるメンバーだったので、「純ちゃんもアルバム1枚につき、1曲は、書かないと」って言われていたんです。それで銀座のヤマハの地下で和音の参考書を買って、トニックと呼ばれるものを真ん中にして、和音をつけていった。単純なコードなんだけど、和音の勉強をする本で勉強して作ったんです。

これを好きと言ってくれる人は多くてありがたいです。最近、歌っていて楽しい歌詞は何ですか？と聞かれて、「あー」です、と答えたんです（笑）。どんな言葉を持ってきても「あー」に敵うものがなくてね。なんだか。この歌の「あー」とか、「蛹化の女」の「あー」とか。いまの私にとって、悲しいけど。「あー」以上にいろいろな感情が込められるフレーズはないんですよ。ポップでありたいとずっと言ってきましたが、いちばん難解かも。人はね、「あー」じゃ何言ってんだかわからないと思うけど、自分では「あー」という時、「あー」関係はどの曲の「あー」も、いまの私には最も雄弁なんです。

この歌詞の、こんな食虫植物はないですが、粘着質で虫が触れると花が閉じるトゲのところがまつ毛のようになっている。中が赤い食虫植物もあるそうですが、この花は過去もずっと見てきたんです。見たものは覚えている。食虫植物って動物のように動くから、まるで意思があるかのように見えますよね。虫を食べるというのがそもそも動物っぽい。でも、これはしつこい気持ちは抱いてません。この人自身は去るんです。それで、忘れようとする。いろいろ思う気持ちはこの花に託して。自分は断ち切りたい。

自分から去って前に進むとか、「いろいろあった」という感慨は、得てして、悲しいこと、良くなかったことが多いじゃないですか。いろいろっぽいものって、厳しいものですよね。それらを、もう良いことも含めて忘れたい。覚えてると重すぎるんですよね。別れるんだったら忘れたい。逆に言えば、どうしても忘れられない。どうすれば忘れられるか、ということですよね。カメラみたいな機械での記録より、有機物の記憶の方が、そういう自分の気持ちに近い。

ヒステリヤ

あふれた涙で　育てた赤い花
吐しゃ物肥料に
血の赤にじんだような食虫植物
置いてゆくわ

ああこれからこの部屋でおこることすべて
貴方の幸も不幸も

充血した目のように見つめ続ける
私のかわり

あふれた涙で　咲かせたヒステリヤ
いろいろあったわよね覚えているわ
この花が
いろいろあったわよね覚えているわ

この花が

私の中の他人

ああやだ　私の中の誰かが　邪悪の闇から目を覚ます
逃げてよ　さあ　今すぐ　私から

これはイヴ・ホワイトとイヴ・ブラックという多重人格者の実話です。彼女の主治医が書いた『私という他人』（講談社）という本があって、タイトルをちょっと変えて使いました。子どもの頃、それを原作にしたドラマをやっていたんです。主人公は三田佳子さんがやってて、それがうまかったんです。恐ろしいのは、ガタガタガタって震えて、次の瞬間「あっはっは」って奔放になる。日本を舞台に焼き直していたんで、名前も日本の名前になっていて、内気で何も話せない人が純子という名前だったの。奔放な役がジュン、第三の人格が出てきて、統合されるんだけど、それは冷静沈着で分析力にも長けてるスミコ。純子の別の読み方ですね。

私にはそういう事態に心当たりがありました。というか、この歌も自分のことを歌っています。三田佳子さんのドラマを見たのは中学くらいで、主人公と名前もたまたま同じだったし、驚きました。私以外にもこういう人がいるんだと知りました。抑圧されることで別の人格が出てくるそうです。本当の私がいて、別の自分の行動を隙間から見てて、「やめてやめて、私の好きな人にそんなこと言わないで、やめて私、やめて私」なんて思っている。私にもスミコが出てきて、こういう時はこうする、みたいなことを振り分けてきたんだと思います。ただ、ビクビクオドオドするのはもう自然と消えてなくなった。つらい想いばかりの人格だったと思うから、良かったです。まあ、いまこうして、冷静に分析できるのも、スミコ、みたいな私ですね。

ただ、多重人格、みたいのは、その後 芸風に生きてますよ。女優でも、役や歌によって切り替えはしますから。この歌でも、私がわりと得意とする声によるキャラ替え、ここでは「コレクター」みたいな声の変え方も選択肢の中にはあったんだけど、曲にあってないと思ってやめました。この曲には強弱をちょっと変えるくらいのこのやり方があってた。「逃げて」の後、歌詞カードには載ってないのかな。「I feel alone」って言ってるんです。救いがない話ですね。あと、「ベビー&ヒールがチェンジ」というところは「ベビーフェイス&ヒール」にしたかったけど、全部詰め込むと音楽的に違うなあと思って、だからいいや！と思って。

Fool Girl

煙吐く龍のような火が見える　私にだけ
精進しても　どうしても見える

　このタイトルは、最初、「Fool Girl/天才」って書いてたんです。たぶん、画家とかで天才と呼ばれる人は、人が見えているようには見えてない、他の人とは違うように見えてるんじゃないかと思うんです。これは自分のことではないけれど、たぶんそうじゃないかと。人には分かってもらえないとか、輪に入れてもらえないとか、そういうものかなと。それが他人からはフールに見える。紙一重と言われる所以ではないかと。
「精進してもどうしても見える」の「精進」は、日本語っぽくない、中国語のような響きを意識しました。歌に入る直前はバグパイプっぽい音色だけど、メロディラインが中国っぽい感じがする。なので、「煙吐く龍のような」なんていうのも入れました。子ども時代にこういうふうに仲間はずれにされた感というのは、実体験です。ああ、大人になってもですね。浮いてるとか、入れてもらえないみたいな。そういう人は音楽とかやるのがいいんですよ。別に私は自分のことを天才なんて、絶対思ってないけど、中には天才的な方もいらっしゃるかもしれないですよ。

　伝えたいことはあるけど、伝わらなくてもいいとも思う。曲調に合ってればいいかなとも思います。でもそれぞれ書きたいことはしっかりとあるんです。これはしっかりと伝わってほしいと思えば、「赤い戦車」みたいにしっかりと書きます。

　タイトルを本当に「Fool Girl/天才」にしていればもう少し分かってもらえたかもしれませんが、自分のことをそう思っているとは思われたくないですからね。それにまず、中（原）ちゃんがすごく反対したし、「なんだこりゃ」って言って（笑）。

私は色を出すのが好きで、「Fool Girl」でも「霙まじりの空 白い」「あの家だけが火事で赤い」「青くない空を見て」と出してますが、空の色が多いんです。ななめ上を見上げた感じ。この曲では、天才、と思った時、それは画家だろうと思ったから色を出しました。最初は白で。霙まじり。白黒の風景です。雪は季節をもっと限定しちゃうから霙にしました。子どもの頃、天気予報の番組が好きで、ある時までは少し天気図も読めたんです。〝気圧の谷〟とか〝所により〟とか〝梅雨前線〟とか。教科書に雲の名前がたくさん出ていて、見たこともない雲もあり、雲って名前がついてるんだと知り、そこから天気に行ったんだけど、たぶん空を見てたんでしょうね。岡崎京子さんが、『リバーズ・エッジ』（宝島社）で、１ページ使って雲だけが描いてあり、そこの真ん中に「空の彼方に浮かぶのは雲」と、「諦念プシガンガ」からの一節が書かれてました。私も空、よく見てましたね。昼間は雲を、夜には月を見てました。

Fool Girl

朝霙まじりの空が　白い　ねえあの家だけが火事で赤い
誰も気付かないの　ああ誰にも見えないの

もう永いこと知り合いですね　いつかの夏海で花火したね
誰も頷かないし　誰も答えないの

どうかまるい輪に入れて　ねえ指に止まらせてよ

ネーバ　ネバー　I never can see the color blue.

何故か今日も違う　見えるものも聞くことも

ねえみんなあれを見て　青くない空を見て
煙吐く龍のような　火が見える私にだけ
精進しても　どうしても見える

ミステリアス・ガイ

何気な影が　サイコー　グー
住所不定無職の彼氏ってば

いつか「住所不定無職」を出したいなと思ってたんです。普通の人がコンピューターを普通に使い始めた頃で、吉川洋一郎さんと中（原）ちゃんと3人で、駒沢公園のピザが美味しい店で喋っていて、「タイトルを一個思いついた。『彼氏をスキャン！』」とか言ったら爆笑してたことを覚えてます。いまでは空港で本当に人間をスキャンしてますしね。でも、まあ当時から手荷物をスキャンしてたから、その辺りから膨らませていきました。可愛い感じにしたいなと思って。

「背中に回ると怒る彼」はもちろん『ゴルゴ13』から。「おもちゃのレーザービームで本気《マジ》になるし」だったり、あちこち流行りものかと思われるテイストを入れましたが、こういうものは中学の時からあったので、あまり気にせず、まあいいかと思って書いたんだけど、あんまり廃れてないですね。監視カメラはどんどん増えているし。

「あやしいぞー」は普通なら3文字のところ、これでうまくはまったので気に入ってます。80年代に、六本木の当時流行ったカフェバーにカラオケがあって、（戸川）京子がそこにけっこう行ってたみたいで、誘われたので一緒に行ったんだけど、その時京子が歌ってたシブがき隊の歌に「最高じゃん！」っていうのがあって、「ちゃん、ちゃん、ちゃん、」のとこに「さい、こう、じゃん、」ってはめてて、プロの作詞家ってうまいなーとしみじみ思って。「これ、ぴったりだな」って、私は歌詞を書く人として聞いてました。京子はニッコニコで歌ってた。で、いま思ったんですが、「あやしいぞー」って、そういう感じで、なかなかいいかなと思いました。

ギルガメッシュ

出会った頃　ああ　そうだっけ
自分を好きでいられたっけ

これは二丁目のゲイの方にも人気が高い。詳しく訊くと、ドロドロドロドロドロした恋愛に共感があるということらしいのね。ただし、ドロドロしているけど、ロマンチック。この歌で言えば、メジャーコードになる「ギルガメッシュ　尊敬してた　カエサルの英雄譚　出逢った頃　信じてた　素敵なとこしか見なかった」から「ビリティスの愛らしさ　オフィーリアはいちず　出逢った頃　ああ　そうだっけ　自分を好きでいられたっけ」というところはロマンチックで、その前はドロドロですから。

かたや暴君かたやサディスティックな女と罵り合っている二人。「一緒にいるだけで　それだけで拷問の日々」というのは、実体験です。だけど離れられない。結婚している人なんかも、お子さんがいて、別れられなかったりする人なんかもそうかもしれませんが、でもこの場合は、そういう物理的な事情ではなくて、精神的に別れたいんだけど別れられない。お互いどうしても惹かれるものがある。N極とS極の強いやつみたいなのが、意志と無関係にある。嫌いなのに、磁場があって、離れられない。

別のゲイの人にもう一つ好評だったのは「腐りきった関係は惰性と呼ぶほど平和じゃない」というところでした。関係が腐り切るとどうしても罵り合っちゃうし、黙っていても拷問ですから。「分かってるぅ、純ちゃん、って思うの」なんて言われました。この一行は私にとってもこの歌詞のキモみたいなところで特別なんです。レコーディングでは「は惰性と」というのはちょっと字数多いんじゃないかと言われたんですけど、ここはどうしても言いたいと通したんです。

私はクレオパトラを昔から好きだったんだけど、最初はオフィーリアと同じようにフィクションだと思ってたんです。敵でも何でも自分に夢中にさせてエジプトを守るなんてフィクションみたいでしょう。そしたら歴史の教科書に出てきたからびっくりしました。まあ、色香でエジプトを守ったというのは脚色があると思うけど、自分の中でロマンチックなイメージのあった人が、本当に歴史の時間に出てくるなんてうれしかった。だけど、この歌ではクレオパトラを出すムードではなかったので、シーザーのもう一つの読み方、カエサルを出してます。カエサルとギルガメッシュは実在で、オフィーリアとビリティス、ワンダは創作上の人。ワンダはもちろん『毛皮のヴィーナス』から。自分でも「オフィーリアはいちず」が気に入っています。

赤い戦車

ペインティングス　まるでキューブな自己実現
生きるために生まれたんだと確信する色

中（原）ちゃんのこの曲を聴いた時、あまりに曲のスケールが壮大で、これにどんな歌詞を書けばいいんだろうと悩みましたね。でもがんばって書いて見せたんです。そうしたら、中ちゃんに「ちょっと全体的に、なんか青春ソングみたいだ」と言われて、なぜかこの曲に関してはそれが特にぐさっときて恥ずかしくて、「もう二度と歌詞なんか書かない！」と落ち込みました。でも気を取り直してもっとがんばりました。直す前のことで覚えてるのは、最後のところが「確信するため」だったこと。悩んで、「突き上げる熱い思いが」とか「生きるために生まれたんだと確信する〝ため〟」のような、感情そのままだったこと。で、もっとモチーフを持って来ればいいんだと思い、それで、色を持ってきて、曲調から戦車をイメージした。最後の〝確信するため〟を「確信する色」にして。全体的に赤い色にして持って行ったらＯＫになった。最初のは青春ソング止まりだった。それが、人生かけて血みどろみたいなところまで書いたら、中ちゃんにも伝わった。中ちゃんは感情を大事にするということは知っていたけれど、なんだかんだ言ってドライだから、それほど感動なんて大事にする人だと思ってなかった。この曲も曲先じゃないと絶対書けなかったと思う。ソロからヤプーズになって、中ちゃんのいろんな曲に、そのたびインスパイアされてきたから、本当に感謝してます。

そもそもこの曲だけじゃなく、中ちゃんは歌詞にとてもこだわるんです。ヤプーズ結成の頃、中ちゃんは「俺は書けないからこういうことをいうのもなんだけど、戸川ちゃん、もっと歌詞書きなよ」と言ってくれた人です。「純ちゃん」というのが恥ずかしいときに「戸川ちゃん」になるんですね。それも恥ずかしいときは「君《きみ》ちゃん」になっちゃったこともある。すごい照れ屋で、いつもステージでいちばん目立たないところに行っちゃう。広めのステージでは私は中ちゃんを強引に前に出そう出そうとしているんですけど。ギター、ヴォーカル、ベースと前列横一みたいにね。いちばん長く一緒にやってきた、すごい理解者です。

この歌詞もしぶといといえばそうですよね。「迷いなく確固たる動かぬ」って同じことを繰り返してます。「吹けば飛ぶよな男だが」と同じパターン。こういう強い意志が芽生えたのは小三の時です。あの時に始まって、ここまで来た。もちろん、小三の時は親の言うことを聞かなきゃいけなくて、自分の意志は通せないけど、あの時、児童劇団に入りたいという幼稚園児の（戸川）京子の希望に、なんでもやらせてやろうということで、でも姉妹平等に「お姉ちゃんもやる？」と親に言われて、私も児童劇団に入り、演技というものをやってみて、虜になったあの時、「将来女優になりたい」と夢を持って、自分の中で育ててきた。実際に女優になってからも、よく「女優になりたい」と言っていて、その度に「もう女優じゃないですか」と笑われていたけど、「こんなもんじゃないでしょう」と思ってました、ずっと。賞をもらったとしてもそれは終わらない。もっともまだ一つももらってませんが、賞（笑）。いろんな役をやりましたよ。意外と知られていないところでは、「太陽にほえろ！」のゲスト主役で殺人事件に巻き込まれた孤独ですごく地味な女の子や、「ピンクエンジェルのさくらちゃん」では、すごく気の強い安キャバレーのホステスさん役とか。それはともかく、演技でも歌でもなんでも、芸は天井なしですから、これからもこの意志は変わらない。数年前、怪我をして、女優は腰を治すまでできないけど、歌はなんとか椅子に座りながらとか、続けてきて、でも2年間ブランクがあったので、その間に前よりキーが落ちてしまったのを元に戻さなきゃならない。そしてさらに上に行かなきゃならない。そういう精進をしながら、歌は続けています。

　でもこの歌詞を書いた時には、女優や歌手の実力とかの夢のことだけじゃなく、死生観みたいなことを思っていたんです。女優だって歌手だってエネルギッシュに生きなければできないから、それ自体「生きること」に直結してます。だから「重ねて同じ色を塗り続け幾たびになろう　しかして立体化した型状の絵　すなわち成就」と言っていますが、成就はまだまだ。

　その頃は、なんとか生きようとしていた頃でした。死の誘惑に持って行かれそうになりながら、戦っていたんです。世間とも戦っていた。自分の中の死の誘惑とも戦っていた。


　ちょっと遡りますが、このアルバムの4年前、戸川純名義の初めてのベスト・アルバム『東京の野蛮』が出て、帯のキャッチコピーを自分で書いたんですね。「絶望のスキをついて間欠泉の様に吹き上げる醜悪なまでの生に対する執着。それはきっと私の中の野蛮。」というのを。同様に85年の『極東慰安唱歌』の帯が「耳押さえ蹲《うづくま》れば遥か彼岸より聞え来る、慰安の、うた。」。「蹲れば」というのは、その頃よくしゃがんでいたからですね（笑）。耳を塞がないと聞こえない。普通にしてたら普通に流れちゃう。『東京の野蛮』の帯はこれにつながるものでした。「執着」というほどの生存本能を、この時は「野蛮」と呼んだ。そしてこの「赤い戦車」を書くときにも同じことを、さらに考えてました。「突き上げる熱い思いが描きなぐった血の色の」というのだから、やっぱり間欠泉のように噴きあげる「野蛮」みたいなものでしょうか。

「生きる」というのは、私にとって、心が血みどろになってというところがあったんです。そして子どもの頃、男子たちに押さえつけられて石で殴られ、傷つけられて流れていた血、でもあり、この「赤」というのはそういう赤。おとなになっても心が泣いてる涙みたいなものもある。世の中で、戦わないといけなくて、戦うと心は血みどろになる。なにをやっても賛否両論で、それは仕方のないことなんですけど、やっぱり心は血みどろになる。

賛否両論じゃなくても、デビュー当時、ファンの人から手紙がけっこうな数来てたんですけど、普通のファンレターに交じって「旬だから、いまのうちに死んで伝説になってください」というのもあり、それも賛否両論の「賛」に入ってた。「『次のアルバムを楽しみにしています』とは思ってくれないんだな」と感じることがあったり、必然性をもって着ていたわけなんですが、巫女さんやランドセルの小学生やトンボといった一種奇抜に見える格好をしていたせいか、やはりファンレターで「純ちゃん！　次は大魔神の格好をしてください。きっと受けると思います」等々というのもあったりと、「賛」であるはずのファンの人の声にも心は血を流してた。マスコミの方の中には、「わざと変わっているように見せている」「わざと根暗に見せている」といった誤解の声も多く、またファンの方の中には今で言う「不思議ちゃん」もすごく多くて、そういうファンの人と同じように見られることで、そういう意味でもずいぶん誤解を受けました。「不思議ちゃん」と思われることは今でもあります。今でも悟ることができず、嫌で嫌で仕方ありませんが。

　それに比べたら、まだ、いまで言うアンチの人なんかもっと単純なものでしたよ。私は小学校五年の時から合気道を習わされていたんです。それでこの世界に入ってから、もうそういう身体的な暴力には対抗できるようになっていたし、身を守る身体と心にはなってはいたんです。ゲルニカで、まだ西新宿にあった新宿ロフトでパイプ椅子に座ってボーッとタバコなんか吸って時間なんか潰している時とか、数えきれないくらい「戸川純がなんぼのもんじゃい!!」と絶対、関西の人じゃないと思うんだけど、いつもそれが決まり文句で、対バンのパンクの人からパイプ椅子をガーンと蹴られながらしょっちゅう言われていたんです。私はプライドとかない人間だから、なんぼとも思ってなかったけど、ちょっと名前が知られていたから、内心エバってるんじゃないかと思われたんでしょうね。相手にしたくなかったけどあんまり多いので、その頃はネットもなかったから、これは噂にしてちょっと流布した方がいいなと思って、ある時から、そういう時は毎回、座っていたパイプ椅子を膝でバンって平たく畳んで、そいつめがけて威嚇ではなく、三白眼で本気で当たるようにブンブン振り回しながら追っ払っていた時もあります。そのパイプ椅子を相手に向かって投げるということはしないんです。そうすると今度はそいつの武器になっちゃうから。そんなことは新宿の中学に行ってたら誰でも知ってるようなことですよ。全然合気道ではないけどね。お嬢様みたいな品のいい服や髪という見てくれなので、たいていギャップに驚いて「うわーっ」とか言って逃げていくんですね。本当に強い人はいきなりパイプ椅子蹴ってきたりしませんよ。そのうち、「あいつ普通に怒るぞ」という話が広がって、だんだん「戸川純がなんぼのもんじゃい!!」はなくなっていきましたね（笑）。父親以外に怖い人は一人もいなかったし。

話は変わりますが、「赤い戦車」を聴いたある人に言われたことがあるんです。以前、中ちゃんが「ニューウェイブで感動させることができる人」と言ってくれたという話はしましたが、あれに似ていて、「恥ずかしくない感動」と言ってもらえた。「これで感動しても自分に恥ずかしくない」と。70年代後半から80年代、「軽やかに生きる」ということが良しとされる時代で、自己とか自我とか自己実現なんて言えない時代になっていた。さらに同時に自己啓発本が売れてもいたせいで、それらは全部一括りにされ「ダサい」ものだと封じ込められていたんです。だからこそ、この「赤い戦車」という曲が根強く支持されたんじゃないかな。「自己実現」なんて言葉は見下され、当時の現代思想であるポストモダニズムが流行し、そうこうしているうちにオウム真理教に人が集まるようになっていった。

そういう時代だったけど、それでも私は「自己実現」という単語も使い方次第ではないかと思ったんです。たとえば他の部分を「辛酸」「成就」「凝視」のような硬い言葉で固めたことでその言葉（「自己実現」）が薄まるというように。もちろんそれらの一つ一つの言葉には必然性があって使ったわけではあるのですが。

当時これも流行っていたけど、私には「終末思想」というものはなかったんです。徹頭徹尾、個人の意志。「ノストラダムスの大予言が当たっても生きるぞ」です。「死の誘惑」から逃れるにはこれくらい強いものを持っていないと、私の場合、引き裂かれてしまう。死の誘惑に持って行かれるところを止めていないと。

私が初めて自殺未遂をしたのは小学校低学年の時でした。父が、言って見れば暴君というか、家族の中で私だけ殴る蹴るの暴力を受けてました。母親は私を産んだことをすごく後悔していて、しかもそれを私に直接言う。父親が私を殴る時、母親は京子の付き人として出かけていることが多かったけど、あとで考えると、母親は家から逃げてたんです。元々家庭が嫌いで、父のことも嫌いで。母親が目をそらしている間に、私は父親からは女の子として心に傷が残るような虐待も受けました。殴られる時はじっと我慢しなければならなくて、泣くことも許されない。リビングで虐待を受けている時、「助けて」と思って母親の方を見ると、母親はキッチンで洗い物をしてるんです。スリッパを履いている母親の揃えた踵の形をよく覚えてます。おそらくは、夫を制止すれば自分が殴られるから、無視して洗い物をし続けていたんですね。同じお皿たちを何度も何度も洗って。父親の憂さが晴れて暴行が終わると、母は私に、神経内科で処方されたバランスというカプセル型の精神安定剤を呑ませる。私にはそれが効いているのか効いていないのかさっぱり分からず、そんなことより殴られたところに湿布をしてほしいと思ってました。幼いながらも私は、自分もつらいけど、母親もつらいんだと分かっていた。だから私が死ねば、お母さんは離婚できて幸せになれると、親思いのつもりで、ボンナイフで腕に透けて見える太い血管をグサッと切りました。子どもだったから、それで死ねると思ったんです。あまりの出血に母が驚いて私は病院に連れて行かれ、何針か縫われましたけれど、女の子として心に受けた虐待のことは絶対に言いませんでした。子ども心に、それを言ったら家庭が崩壊すると思っていて、離婚する方が母にとってはいいのかとも思ったけど、私さえ我慢すればそれは防げると思った。やっぱりそういう事態は止めたかったんですね。

うちには私が生まれた時の写真がたくさん残っていて、それを見ると望まれて生まれた子のように見えるのに、「産んでから、父と別れられないからって、なんで私に〝私を産まなきゃよかった〟と言い続けるんだ、そしてなんで殴る蹴るされなきゃいけないんだ」と思ってました。私が「戸川純」になって名が知られるようになるまで、妹も父や母を見て私にそんな態度をとってました。幼稚園は教会の付属だったので、日曜日は礼拝の日で、月曜日が休みでした。小学校に上がっても日曜日の礼拝には通うのが習慣になっていました。助けてくれるのはもう親ではなく、神様しかいないと思った。そういうことがあって、死にたがり屋になった、というところもあるんです。やがて、日曜学校へも行かなくなってしまった。

お母さんは私を厄介に思いながら、着飾らせるようなことには熱心で、小学生なのにロングの髪を真ん中分けのソバージュにさせられて、子どもの頃のエヴァ・イオネスコのような感じで、毎晩、アメリカ製のなんとかいうヘアクリームを塗って、豚毛のブラシでブラッシングされるんです。豚毛のブラシはいちばんツヤが出るといってました。それが痛くて。私は素直という言葉がよく分からなくて、そこで痛いからやめてとかいうことが素直なのか、それともそのころ父親に対してもそうであったように、「はい」と一言返事をして、従順に言うことを聞くということが素直なのか、どっちかわからなかったんですね。でもとりあえず褒め言葉ではあるので、親の言う「素直」に従属していた形でした。まるでお人形みたいでしたね。でも、いま思うと、まあいい服着てソバージュになんかして外見もほかの子と違っていたりして、だから学校でもいじめられたということもあったんでしょうね。

大学に入ったら また芸能活動をやらせてやる、と父親に言われましたが、父は その頃になれば子どもの夢なんて忘れるだろう、と思ってたんだと思います。だから、女優の夢を忘れていなかった私に、一年ぐらいで「お前、もう無駄なことやめろ！」と言いました。7年間、同年代の人たちが青春を謳歌している時期、ひたすら女優になるための訓練をしてきた私に、1年で約束は果たしただろ、みたいな感じだったんです。でもお母さんは違っていました。逆でした。私が児童劇団を辞めさせられた頃、ある晩眠っていたら、耳元でお母さんの小さな声がして、私は目覚めてたけど眠ったふりを続けた。お母さんは私の深層心理に訴えかけるように、「順ちゃんは、おとなになったら何でも好きなことができるのよ。もちろん女優にもなれるのよ」と繰り返し、睡眠学習法のように、眠っている子どもに語りかけることをしてくれました。その晩だけではなかったと思います。子どもの頃、妹と二人でクラシックバレエを習っていて、何年も続けたけどやがてやめて、それから成長して、大学に入ってから、父に内緒で、今度はモダンバレエと声楽を習わせ続けてくれて、私の女優の道と、のちにいまの歌手活動に活きることをさせてくれました。

18の時のことです。2時間にわたって父親から理不尽な怒りをぶつけられ、私は部屋に戻って良しと言われた後、戻った途端にまず暗闇の中で「ゲエェェ」と嘔吐した。それからパニックのようになった。当時はまだ珍しいと言われた過呼吸の激しい発作と、全身の激しい痙攣が止まらなくなった。様子を見にきたお母さんが「パパ！パパ！順子がー!!」とかリビングの方に向かって叫んだ。父が飛んできて、訳の分からない発作に襲われている私を、上から被さるように抱きしめて、「順子!! どうしたんだ順子!!」と叫んで、母に「ママ、１１９だ！」と救急車を呼ばせた。で、慶応病院に救急搬送され、措置室というところに寝かされ、訳の分からない発作も止んだ頃、また別の両親と違う部屋で、それまでの経緯を医者に長々と話すように言われ、いいのかなと思いながらほとんど話した。お医者さんは両親に「どうしてこんなになるまで何年も追い詰めたんですか」と怒って、さらに「自由にさせれば治る」とも言った。そこに何度か両親と通って、けっきょく一人暮らしをすることになったんです。私にとってはどんな天変地異より驚きでした。信じられないというか、檻に入っていたような毎日が１８０度変わって、一人暮らしをするなんて！　家賃も光熱費も生活費も全部父がみてくれて。そこから半年もしないうちにドラマのレギュラーもＣＭも決まって、経済的にも独り立ちできるようになりました。そこから「戸川純」というまったく別の人生がひらけたんです。本当のことを言うと、今現在も思い出してまだ信じられないくらいです。

ちなみにゲルニカのレコード・デビューで、私、花の82年組なんですよ（笑）。

年齢は戻りますが、小学生の頃から、私は性的な意味で女として見られることで苦しんでいたんです。最初の大きな記憶は小学校5年の時、近くに出来たばかりの公園のトイレで痴漢にあったこと。京子と遊んでいて、たまたま一人でトイレに入ろうとしたら背後から どーん！と中に突き飛ばされ、そいつも押し入って鍵を閉めた。私は脱出しようと抵抗したけど、子どもの、女児の弱い力だしね。

恐怖と怒りと恥ずかしさで心が固まっていたのか、帰り道には泣いちゃいけないと思っていたけど、私は泣かない子どもと育てられたのに、さすがに家に着いた途端に膝から崩れ落ち、ワァワァ泣いちゃって、警察と病院に連れて行かれました。母が父にそのことを言うと、父は烈火のごとく怒って、でもその痴漢が捕まらないからその分も私にやつ当たるんですよ。「お前に隙があるからだ」とものすごく怒られた。合気道は、この後すぐに京子と一緒に家の近くの新宿区立体育館の道場で習わされることになったんです。

高校は下北沢の女子高でした。通学時の井の頭線は朝のラッシュがものすごくて、ほぼ毎日痴漢に遭っていた。下北沢駅で電車を降りるとスカートやバッグに鼻水みたいなものがついていて、それを駅の水道で洗ってから学校に向かってた。不思議なほど淡々としていて、なんだかただ虚しかった。諦念だと思っていた。その一方で「女優になりたい」という野望は膨らむばかりだった。極端にバランスをとっていたのかなという気がします。だって、その学校でも、情念なんかじゃなく、燃えたぎる情熱で屋上のハードな訓練を欠かさなかったわけですから。

以来、おとなになってからもずっと、私は体型が分からないような服ばかり着てた。自分から色気を全面的に排したかったし、できる限り排そうとしていた。「バーバラ・セクサロイド」をやるまでね。

暴力や性被害が日常的にあるような生活で、小さい時から、生きるということは私には厳しいことだった。性的なことがらも多かったけど、それだけじゃない。女優、そして歌手としての〝賛否両論〟も私にとっては暴力的なものにもなりました。でもその代わり、私はこうも思ってる——図々しい言い方だけど、私は人一倍愛されもしてきたと思うし、と。ファンの人が励まされたと言ってくれる、そういうふうに思われるということは心底うれしいことです。自分の（まだこれから先もありますけど）人生を振り返って、表現者になって良かったと思っています。会社の事務の仕事なんかができる人で、もしもそれをやっていたら、私は精神が破綻しちゃってたんじゃないかと思う。表現者として、しかも女優だけじゃなくて、歌詞を書いたり、歌詞だけで表現できないところを歌い方で補ったり、そういうことで真意を表現できる。いや、そもそも私は歌うことそれ自体が好きなんです。私にとってはそれが生きるということ。自分の中の野蛮——生存本能——が、「死にたい」と思っても、ひたすらに自分の中の野生として生きようとする。本来動物が持つ本能的なところに助けられていて、私は、それを良いものと受け取っている。歌詞で性的な表現は避け続けていましたが、やがて一つくらいあってもいいんじゃないかと思えるようになって「棒状の罪」も書きました。あれは好きな人とのことだし、男の人にもいろいろいるということを私は信じていますから。

いつも「ポップでありたい」と言ってるのにこんな話をするのは変だけど、私の「生きるということへの執着」は、こういうことを話さないと伝わらないかなと……。

ソロデビュー直後、「ハタチそこそこで諦念なんて知ったふうな」とバッシングした人がいたけど、現にこういう人間もいて、生きることは精神的なだけじゃなく外科的にも本当に血みどろだったし、これからも心的にそうなんだ、ということは、やっぱり分からないんだろうなあ、と思いましたしね。

だからと言っていいのか、違う意味での血みどろ、毎月の生理のときに「生きているんだ」という気持ちもあった。これは将来子どもを産むためのものだ、私は絶対に子どもを産もうと、子どもを産んで温かい家庭を築くんだと思ってた。現実にはそうはならなかったけど、でもそのために、子どもを作るために、流している血なんだと思ってましたから。その生理を歌ったのが「玉姫様」だけど、あそこには出産や子どもは出てこないでしょう。「逆流する血液を抑えきれない」とかであって、あの歌には本当に生々しい血は出てこないんですよ。単純に月に一度繰り返す、生物学的な血液。それと比べると、この「赤い戦車」の血は性別を超えるところにも及んでいる。男の人は男の人で、私の知らない内容で魂を裂かれるような思いをするだろうと。だから「赤い戦車」は曲調はもちろんだけど、歌詞も男の人に共感してもらえるんじゃないかな。
「戦車」というのは女っぽくないし、そもそもほとんどの曲名は歌詞本編が出来上がってからつけるものなので、言い足りない部分とかを含め、総括する役割も持っているんです。だから「赤い戦車」も歌詞には出てこない。

私が自殺未遂して、もう音楽活動もやめてやっぱり死にたいとか、ヤプーズを再開する時期じゃないとか思ってた頃、慎ちゃん（山口慎一）から、「赤い戦車」のアレンジを足したので聴いてくださいって連絡があって、中ちゃんといっしょに聴きに行ったんですよ。戦車が森の中の木をなぎ倒しながら進んでいくようないまのアレンジです。私はそれを聞いてきゃあきゃあ喜んで、またヤプーズを始めることにしたんです。「赤い戦車」をまた歌いたい、ヤプーズを続けよう、音楽を続けようというきっかけになったのが慎ちゃんのリアレンジ。もちろん慎ちゃんは「中原さんの曲があって、戸川さんの歌詞があって、インスパイアされたものです」と言ってくれてます。

昔、ゲルニカが休止になった頃、「スタジオ・ボイス」誌だったと思うけど、「あなたがしたいことは?」というインタビューに、私は「苦労がしたい」と答えたの。自分の体験してきたことは苦労とは思ってなかったんですね。苦しみとは思っていたけど、苦労というのは、たとえば貧しい境遇で、妹や弟、あるいは親を養うために新聞配達をする、そして精神的な成長が促される、というようなものだと思っていたから。私は、苦しんでも、精神的な成長にはまるでつながっていないと思ったんですね。でもそんな答えをしたからますます苦労知らずと思われたかもしれないけど、実は思わぬ苦しみを重ねていたとは悟られたくなかった。ほやほや育ったと思われる方が全然マシでした。箱入り娘で世間知らずですけど、知らなくてもいい別のことは知ってしまった。それが誰からも見えないで欲しかった。実は今もこの本を読まなければ、そこら辺、バレてないと思うの（笑）。

母親に「産まなきゃよかった」と言われ続けて、自分でもまったくその通りだと思っていて、でもじゃあ、なんのために生まれたんだろうって、それは人類の永遠のテーマですよね。女優になるため、歌手になるために生まれたというのも狭い感じがする。「死ぬために生まれる」「生まれた瞬間から死に向かっている」という虚無的な言い方もありますが、私はもっとヒューマンなのが好きだから。とは言っても一時期は虚無も虚無、ニヒルなガキ、みたいになって。もう生きているだけで嫌になる。だけど、苦しみを生きる、喜びを生きる、生き延びる。どんなことがあってもとにかく生き延びる。強引に、ただ、「生きるために生まれたんだ」と、足元の危うい崖の上から、それでも高らかに叫びたいんです。なんだかんだ言って、人生賛歌なんですよ。

赤い戦車

水彩画より油絵の凝固した色味にも似た
迷いなく確固たる動かぬ血の色の野望

Red Bloody The Will Is
たえざる意志の保持なり

重ねて同じ色を塗り続け幾たびになろう
しかして立体化した型状の絵すなわち成就

辛酸はだいだいの
It's Not More Red Than My Hard Will

突き上げるあつい想いが描きなぐった血の色の

ペインティングス　まるでキューブな自己実現
生きるために生まれたんだと確信する色

重ねて同じ色を塗り続け幾たびになろう
しかして立体化した型状の絵すなわち成就

辛酸はだいだいの
It's Not More Red Than My Hard Will

傷を染める清冽な赤　凝視するほど傷は癒える
ペインティングス　赤く輝く血は源泉
死人じゃないってこれほどまでに確信する色

突き上げるあつい想いが描きなぐった血の色の
ペインティングス　まるでキューブな自己実現
生きるために生まれたんだと確信する色

君の代

変わらぬ笑顔　幾とせ経ても
変わらぬ慈愛　君、我が愛よ

皇太子と雅子さまの結婚でメディアが盛り上がっている時期だったから、「これは素晴らしい誉め殺しだと思います」なんていう評もありましたが、そんな気はまったくなかったです。単純に、ラブソング。そもそもは〝日本ぽいラブソング〟を書きたいと思ったんです。演歌でも〝和風〟でもなく、〝日本ぽい〟。一種の景色と言いますか、国体ではなく、形状、地震と噴火が多い弓状の島という、そのままの景色ですね。

ただ、ちょっと突っ込むと、そうは思ってくれないかもしれないけど、日本で生まれ育った外国籍の方も含めて考えてました。例えば私は新宿を転々としてたけど、新大久保の学校には在日の方が多かった。公にしている人もいれば、隠している人もいた。ある時「本当は私ね」って言われて、「えー、なんにもかわんないよ」って言ったら「順子はいい子だね」って言ったヤンキーの子もいた。当時、ヤンキーというのは新宿ではスタイリッシュ、おしゃれだったんです。「ＭＣシスター」を教科書に、男は「メンズクラブ」参考にしてます、みたいな。みんなそれなりに仲良くやってましたよ。

私は、インターナショナルというのは、心の手をつなごうということだと思っているの。でも、それぞれの文化はなくしてほしくない。音楽や料理、着物やチョゴリやアオザイもそう。いろんな人がいたけど、その人達は大久保で生まれ育ったんだから、すごく差別的な仕打ちを受けて傷ついたとかいう場合でなければ、できれば私が新宿を好きであるように、ふるさとを好きになって欲しいです。だって魂の戻っていく場所って、生まれ育ったのが新大久保だったら、そこがふるさと、みたいなことを思ってくれないかなあ、思って欲しいなあと思うんです。

これは「日本民族」じゃないんです。国籍はどこでも、日本で生まれ育ったら、私にとっては〝日本人〟だと。そう思ってくれなかったらそれでもいいんだけど。

好意こそが抗生物質と
愛情と好意のワクチンを　卑屈好むヴィールスへと

この歌は、けっこう励まされたと言ってもらえることが多くてうれしいです。病名がついてると知らずに「長いこと境界例（注・境界型人格障害の別名）で苦しんできました」という方から長い手紙をいただいたことがあって「でも、この歌には励まされまして」って書いてありました。私がここで書いた歌詞の意は、相手が自分のことを少しでも嫌っていると感じると、さらにさらにその相手に対し嫌われる行動や、ときには暴力的な行為に及んでしまう、みたいなことでした。「ある医師は気付いた　好意こそが抗生物質と」ということで、救いがあるからね。でもまあ好かれないとダメだし。でも悪循環でやっちゃうというね。そんな病気だったらそのような手紙をくれた人達は相当苦しかったでしょうね。そしてたしかに、境界例を歌った歌は他になかったかもしれませんね。

　ところでこのアルバム『Dadada ism』発売当時、某インディーズ主宰者のイベントに出た時のことです。もう一人のゲストが某サブカル俳優さんで、真っ赤な顔してて、どうも二日酔いらしいんだけど、ものすごく無愛想で「ふん」という感じだったの。まあ、そういう人はいくらでもいましたからね。いきなり喧嘩ふっかけられることもしょっちゅうでしたから。でも私は「二日酔いにはお茶に梅干しを入れて飲むといいんですって」と言ったんです。中学生の時、クラスの男の子同士がそう話しているのを聞いたことがあったので。そしたら某サブカル俳優さん、「そうすると治るんですか？」と訊くので、「さあ、私はお酒を飲めないから分からないですけど、少しは楽になるんじゃない？」と言ったんです。そうしたら「ありがとうございます」って。それで、帰る時に「お疲れさまでした」と言われて、某インディーズ主宰者と某サブカル俳優さん二人に並んでお辞儀されたんだけど、某サブカル俳優さんがすごい深々としていた。つまり、閉じこもったみたいな人でも、「お前なんかケッ！」という空気を醸し出している人でも、ちょっとこっちからの言い方を変えれば、心の縛りが解けて、ニコニコとしてくれるようになるのだ、ということのたとえ話ですが。こういうことも小さなヴィールスが消滅した瞬間じゃないか、と。いわゆる病気ではなくても、日常にもあるものじゃないかな。

　これを書いた時、悩んだ部分が一箇所あって、それは「愛情と好意のワクチンを　卑屈好むヴィールスへ」のところなんですが、常識的なワクチンの意味は当然知っていましたし、発症する前に予防接種するものだって分かっていたけど、私は歌詞というものは音楽に付随するものだと思っているんです。もちろんいろいろな人がいて、その逆と思っている人もいるでしょう。それを否定はしません。だけど私は歌詞において、曲とのノリとかグルーヴ感とかすごく大事にしたいんです。本当は正しい意味だったら最後の「ヴィールスへ」ではなく「ヴィールスを」にするべきなんですよね。でも「ヴィールスを」だとどうしても曲調と合わない。ノリも悪い。だからここはあえてヴィールスをやっつけるというイメージで、本来ワクチンはそういうものではないけれど、そっちを選びました。

　あと、「行動をとると記す」で思い出したんですが、こないだテレビに出ていた人が「奇しくも」「記してある」というところを「きしくも」「きしてある」などと言ってたんだけど、そういう言葉を使う時には慎重になった方がいいんじゃないかなと思いますよ。いや、もっと思い出しちゃったんだけど、友人に医者の息子がいて「りんどこ実験」って言ったの、かなりむかーしの話だけど。「それ、りんしょうじゃない？」って言ったら、

「一生言われるなあ」と。あと、昔付き合ってた人は「ごうなき」と言ってましたねえ。こういうの、けっこうたくさんありますよね。私もテレビで恥ををかいたことがかなりあります（笑）。慎重にいきたいものです。

12階の一番奥

指や唇とかは嘘を見抜くのが下手
羨ましいくらいに信じる

これは（ライオン）メリィさんのヤプーズでの初（作曲）ですね。スタジオで書いてて、「はい」って渡したら「あ、おしゃれな歌詞」って喜んでくれました。メリィさんは、私の歌詞をメリィさんの曲につけるのを、すごく楽しみにしてくれて、どこかに「この喜びが君には分かるかい」とか書いてくれてました。

アコーディオンや足音、赤ちゃんの声なんかも最初から入っていたと思います。ただ、最後の方、あのショパンぽいピアノがあそこまで華麗な感じだったかどうか。記憶では、コーラスと一緒にそうなったんじゃないかと思います。雑誌の対談で中（原）ちゃんと河《コウ》（野裕一）ちゃんに「「嘘だと嘘だと」と繰り返しているところが演歌みたいだ」と笑われたのを覚えてます。でも、言われてみると、おしゃれなシャンソンみたいな感じですよね。

フランス語の「Je souffre d'insomnie. J'ai perdu l'appetit.」というコーラスは「私は不眠症である、私は拒食症である」という意味です。大学で第二外国語はフランス語を取ってたんです。でもこの二つは、情けないけど旅行者用ガイドブックからとりました（笑）。私、ほんとに不眠症で拒食症なんですよ。こんな体型してるけど。このコーラスは、誰が歌うかを決める時、みんな恥ずかしくて嫌がると思ったんですけど、意外にもレコーディング中にオーディションが始まって、メリィさんがやって、河ちゃんがやって、意外と中ちゃんが「今回はもらったな」とか言ってた。だから、嫌じゃないんだなあと思って、私以外のメンバーみんなでやってもらうことにしたんです。ライブの時は、中ちゃんはベースだから裏メロを弾くので歌うのは難しいから、メリィさんがやってくれてます。

でも「信じるということが幸せなことを知ってるつもりよ、大人だから。映画を見ながら泣くのもって、所詮、作り物だわ、なんて思わないわ、映画を見ながらジンと来て泣くのも大事なことの一つだし」というところもちゃんとある人なんですね、この人は。なかなか信じられないわけだけど、身体的なことに関してはクラクラきちゃう。「触んないで」「キスしないで、だって信じてないから」というのではなく、指を握られるとか、キスされるとか、そういうのは拒めない人で、信じるということよりも、身体的なことの方が、好きな人に対して弱い。という人ですね。「長い髪を切らなきゃよかった」というのも、短いのも似合うよ、と言われても信じない——。何言っても信じない信じないって。でも、指なんか握られたら、もうあっさりどうでもよくなっちゃう。しまったなあ、子宮で考えるのを肯定することになっちゃったなあとも思いますが、でも本当に好きな相手に対しての話だから。

客観的に最後の華麗なピアノも、男性コーラスも、いいなあって思います。

急告

そこいくと夜はやさしい　こんな状況にまぶしいライト浴びせないし
悪い夢だよと闇は抱きしめる

これも、サラサラ書いたなあ。たとえばがんばっている人にがんばれって言っちゃいけない、という感じですね。「こんな状況にまぶしいライト浴びせないし　わるい夢だよと闇は抱きしめる」――「闇が」抱きしめるんですね。悲しい衝撃を受けている時に、何もかもをあからさまにしない。「その意味で夜はやさしいよなあ」ということ。私の歌はだいたいは夜の歌ですね。サンシャインは出てこない。このあと書くことになる「いじめ」も、朝の描写が出てきますが否定的に書いてますし。子どもの頃から低血圧と貧血で、医者に処方され、増血剤を呑んでいました。朝はつらかったんですね。そういう意味でも太陽にはあまり馴染みがなかった。夜がいいなと思い始めたのは、自我の目覚めの時期。よくある思春期とかのちょっと前くらいでしたね。昼も夜も、〝一人感〟みたいなのは変わらなかったけど、夜の方が一人は馴染むんですね。

急に目の前に絶望的なことが現れても、たとえばそういうことを言われても、すぐには実感は湧かない。このテーマは、危機感のあるようなこの曲調にインスパイアされました。そしたら作曲の河（野）ちゃんが「すげー　ひでー　えれー　やべー」や「無茶通す気か　唐突すぎるぜ」のところ、濁音もない弱い音だし、平たい言葉すぎるので変えて欲しいという希望があったんだけど、歌い方で聴いて欲しいと言って聴いてもらったら、それで強さを出したのでＯＫになったんです。

本当には歌ってみないと分かりませんけど、書きながらでも、「これくらいはなんとか出来るな」みたいな当たりはつきます。柔らかい言葉なら、歌い方で強くできるとか。演技の要素を入れたりすれば、ある程度はどうにでもなると思っているから。その点、音楽のみの人は言葉そのものに敏感ですよね。

一時期、「ヤバい」が褒め言葉になった時は焦りましたね。いまはどっちの意味にもなるみたいだけど。流行っている言葉を使うと古くなるというのはそういうことですよね。でも「ヤバい」は変わらないだろうと思ってましたね。昔からある言葉だから。

私は好奇心の強い女

寂しさに比例して　ふくらむいかがわしい好奇心
だけど寂しさはくだらない　そして悪癖は直らない

タイトルは60年代に話題になったスウェーデンのポルノ映画から取りました。モノクロ映画で、宮殿の衛兵や神父を巻き込んだり、牛がいるところでやって牛の頭にクエスチョンマークがついたり、若者がフリーセックスの価値観を社会に投げかけるようなポルノ映画だったらしいですが、それを子どもの時にテレビで見たんです。『戦艦ポチョムキン』なんかもそういう番組で知ったんだけど、いろんな有名な映画を紹介する番組で、その中にこれが入ってた。

映画を好きになったきっかけは、母親が好きだったから。陣痛も映画を見てる最中に始まったと言ってましたし、私が小さい時から、映画館に連れて行ってました。新宿は映画館が多いから、小さい私と妹をつれて、夕飯の買い物の帰りに、母が「面白そう、見ていこうか」って言って、すっと入っちゃう。昔は入れ替えじゃなくて、いつでも入れたとはいえ、いつも途中から入って、次の回の見始めたところまで見る。私が産まれるずっと前は、映画が始まる時間や休憩の時間を書いた表がなかったらしいんです。その世代だからなんですね。

『戸川純のユートピア』（廣済堂出版）にも書いたけど、よく覚えてるのは、『昆虫大戦争』と、岡田眞澄のドラキュラものの二本立て。子どもにも面白そうだけど、ちゃんとおとな用にもなっていた。『昆虫大戦争』のラスト、お腹の大きな女の人が、虫がわーっと飛んでいる中、「私の赤ちゃんが、私の赤ちゃんがー!!」と言ってるシーンを覚えてますね。岡田眞澄のドラキュラものは、裸になった女の人の胸をむんずと掴んで、子ども心に

「ヤバいんじゃないか」と思ってましたよ。「クレージーキャッツの」って冠ついたものや「社長シリーズ」なんかも見ましたね。

　で、歌の内容はヒッチコックの『裏窓』です。一瞬、「人んち」というのがラフすぎるんじゃないかという意見もありました。いつもそんなに細かく検証はされないんですけど、まして褒めることはされないんですけどね（笑）。この頃は携帯電話もなかったから、無線の電話なんて言ってますね。

ダダダイズム

残酷な上に　騒動が好き
子どもみたいな　ダダダダダイスト

これは最初、タイトルチューンにする気はなかったんです。歌詞をつける前に（ライオン）メリィさんに、最後の「たたたたた」を「サリササリサ」にしてくれと言われた。私は「サリサ」の意味がわからないから、擬音なんだろうけど、タイトルをダダダイズムにしたから「ダダダダダ」にさせてちょうだいなと言ったんです。それで、アルバムタイトルも『ダダダイズム』にした。必ずしもタイトルチューンが、そのアルバムを代表するものでなくてもいいだろうと思って。

冒頭、イントロがそのまま続いている感じだったので、イントロっぽい何かを持ってこようということで人名にしました。で、「ジャリ、アルフレッド　カンディンスキー、ワシリィ　ツァラ、トリスタン　ピカビア、フランシス」と、これは人名辞典ぽくしたんです。アルフレッド・ジャリではなく、ジャリ、アルフレッドと。無機質なリストのような感じにしたくて。あと「破壊こうちく　破壊こうちく　体制　革命　新体制」というのは前から思っていたことで、こうやって続いていくものなのかな、みたいな……。

私はほんとはダダよりシュールが好きです。ダダイズムにはあまり観念性を感じないんですね。それが正しい観念性だったりして。本当に子どもみたいな表現ですよね。数年前、山崎春美さんから「Heaven」に書いた原稿をまとめた本をいただいたんですが、そのキャッチコピーが「生まれた時から未来派だった。だって子どもはみんなダダだから」というものだったんだけど、私、昔「Heaven」を見ていてそこからパクったと思われたらやだなと思って……。まあ、そういうことを全部避けながら書くのは無理ですが……。それに、ダダは子どもの泣き声から来てますね。衝動じゃなくても、いたずらでもいいらしい。感情はあんまり関係ない。アンドレ・ブルトンの『シュールレアリズム宣言』にあるんですが、ブルトンが壇上でダダとは何かを話していた時、聴衆から「意味わかんないぞ」という声が飛ぶ。「黙って聞け」みたいな声も出て、賛否両論になると、ブルトンは「我々が言ってることを理解できない人がいることは当然なのだ。なぜなら我々が何をやりたいのか、我々が一番わからないからだ。」と言うんです。それでまた怒号が起きたんですって。面白いなと思います。

NOT DEAD LUNA

断腸の想いで 絶望と見るときも
私は死なないだろう 死にゃしないだろう

私は長生きすると思うんです。ずっとそう思ってきました。生きることへの執着も強い。けれども同時に、死に惹かれてしまう。そういうことを繰り返しながら生きてきました。生と死の両方が、私を強く引っぱる。それでも私は生命力が強いと感じてきました。この人は、しつこく死ぬのにしつこく死なない。純粋に生きるために蘇る。死ねない。こんなに直接的な言葉で自殺未遂のことを歌詞にしたのは初めてですね。しかもこんなにポップに。生きたままの状態を受け入れるということでもあるけれど、そのためには「蛹化の女」のような空想も必要だった――必要である――ように、死をシミュレーションすることも。

けっきょくはいつも、自分の生命力はとても強いということを実感するのです。この曲に救われたと言ってくださる方がすごく多い。でも歌の方から「生きよう」とは呼びかけているわけではなくて、むしろ、どんなに死に近づいても、どうしようもなく生きてしまうという、あっさり死ぬことよりも、みっともなくて苦しい事かもしれないけど、生きる、それを繰り返し、たたみかけて歌っています。

そしてこの歌も、私の大きなテーマの一つである労働が出てきます。恋と労働。どちらも私の人生でとても大切なことで、ずっと憧れ続けて、もっと上に行きたいと思いながら、その気持ちが原動力になっているんです。

ちなみにこの歌詞の冒頭は、最初「硫酸も飲んだし、頚動脈も切ったが」でしたが、レコード会社が、この曲は派手めなのでアルバムの一曲目に来る可能性があるから、いきなりそれはきつい、やめてくれ、というので、柔らかく「塩酸も飲んだし、頸静脈も切ったが」に変えて、なんとかいいでしょう!と言われました(笑)。「信号も無視した」は、ふざけてますね。

VIP〜ロシアよりYをこめて

За ваше здоровье! Мне нужно〜. ты

生き残ってあなた　のさばってあなた

ヤプーズは『ヤプーズ計画』以来、どのアルバムにも一曲はスパイものを入れようと決めているんです。元々、私、子どもの頃から００７が好きなんです。ジェームズ・ボンドを演じた俳優が次々に替わっても、全部観に行ってます。いまは「ダブル・オー・セヴン」と言うけど、私の小さい頃は「ゼロゼロセブン」でした。

ダニエル・クレイグになってからも全部観に行っている。でも最初の、ショーン・コネリーがやってた頃はユーモアもありましたよ。頭におもちゃのアヒルをベルトでつけて敵地に海から侵入したり（笑）。いまのはひたすら真面目にアクションしまくってますね。『ロシアより愛をこめて』がかなり好きです。でもほんとはやっぱり『ゴールドフィンガー』がいちばん好きなんですが。金粉を塗られて目を閉じている女の人が、子ども心にすごくセクシーに見えたんですね。

「バーバラ・セクサロイド」のプロモーションビデオは、００７のオマージュとして作りました。誰にも頼まれてないのに、自分から「私は全身金粉を塗る！　へそも出す！」と意気込んで。2時間以上塗ったままだと皮膚呼吸ができなくなって命の危険があるということであわてて撮りました。その後、シャワールームで落としたんですが、石鹸が一個あるだけで、落とすのにこそ2時間かかりました。毛穴に入っちゃうんですよね。うちへ帰って、さらにボディブラシを使って入念に落としましたけれど。

スパイの視点で書いたラブソングです。このレコーディングをした時にはベルリンの壁が取り払われたり、ソ連がロシアになってゴルバチョフ書記長が大統領になってKGBもなくなって。世界がすごく動乱めいていたんですよね。そういった不安定な社会情勢だったものですから。「壊滅へ向かった　この世界中で　誰よりも大事な　大切なV・I・P」。漠然とそんなことを感じざるを得なかった。

　ロシア語で歌っているところは「До свидания друг」が「さよなら、友よ」、「За ваше здоровье! Мне нужно」が「あなた、どうか無事でいて」かな。

コンドルが飛んでくる

はだしのあしが空に踊るとき
はばたく大きな羽根がはばたく

平沢進さんにコーラスを頼まれてライブにも行ってたから、平沢さんのギターを知ってたんです。丁寧な丁寧なギターも好きだし、変態なのも好き。それで、「ヒステリヤ」のレコーディングに来てもらって弾いてもらったら、そこにいたメンバーがみんな「平沢さんってギターうまいんだね」って盛り上がって、いろんな人が「平沢さん、僕のも聴いてください」と頼んでました。それで、ヤプーズが一時期、ギターレスになってた時、頼んでないのに平沢さんが「僕が弾くから！」って言ってくれた。ツアーも一緒に行ってくれて、曲まで書いてくれたんですね。頼んでないのにありがたい。

それが「ヴィールス」とこの曲です。

以前、ファンの人に「純ちゃんの歌にはひた走るのが多いね」って言われたんですが、言われてみればそうなんですね。「憤怒の河」もそうだし、「ロリータ１０８号」は「絶望へとひた走ってよ」と恋人に願う。そして

ここでは「罵声賛辞　浴びては走る　ひた走る」です。気がつくとひた走ってます。

この歌詞は、女優になりたくてなりたくて、その道一路に進んできたことそのままですね。

まだ第１期ゲルニカの頃、ある人に「女優で誰が好きなの？」と訊かれて、「マリリン・モンロー。でもそう言うと、どこに影響受けたんだよって思うでしょ？　だからジュリエッタ・マシーナって言うことにしてるの。どっちも好きだから」と答えたら、「いや、マリリン・モンローに似てるよ」って言われたの。「どこが?!」っ

て言うと、「絶望に向かってひた走るって感じのところ」だと。「なんじゃそれは？」と思ったからよく覚えていて、ときどきちょこちょこ出てくるんです。「ロリータ108号」は、二人でエッチなことをすると爆発するけど、「それを恐れずひた走って」と願うことですから、「ひた走る」先には死が待っている。「憤怒の河」でも「出刃握りしめ　血しぶきあげて」ですからね、悲壮で暗い。「コンドル」もこれと似ているかも。ストーリーなどはなく、ひたすら走り続けてます。これは女優を目指して生きていた私の半生そのものです。小学生の頃から、女優や歌手の仕事をするようになっても、もっと上手くなりたい、もっと上に行きたいという憧れは同じように続いていて、少しもゴールには近づかない。けれども、走って走って走り続けているうちに、羽が生えてくる。もっと高く、もっと自在に、もっと速く行けるように。どこがゴールかは分からないけれど、と。

テーマ

もしも　あたしらに悪意が見えたとしたって
おぼえておいて　あなたにじゃないわ　フェイクでチープなドラマよ

レコーディングの最後に三日間でつくりましたね。作曲も私なんだけど、メロディができていないのに録音が始まって。私が歌い終わってから、こんな曲だったんだーという感じでした。みんな、思いっきり演奏してて、終わってから河（野）ちゃんが「昨日今日始めたパンク・バンドには無理」と言ってました。

激しい感じ、でも軽快な、ノリのよい曲にしたいなー、と思ってつくったんです。（ライオン）メリィさんにブギウギピアノ弾いてーとか、河ちゃんに「one ¥en coin」のあと「マネー」のフレーズ弾いてーって電話で言って。「シュガー」とか「ハネー」とか「ベイブ」なんて言ってるのは、ストーンズのキース・リチャーズがライブドキュメンタリーで、ギター弾きながら一曲だけ歌ってる、相変わらず下品な歌詞の、でもかっこいいなーと思った「Little T & A」の中で、言ってたのを真似たものなんですよー（笑）。カッコ良さとか、全然似てませんが。

マスタリングのとき、どうしても浮いちゃって、最後に持ってきたけど、それでも唐突に聴こえちゃうものだから、ライブハウスのお客のざわめきみたいなＳＥ入れてから、始まるようにしました。

タイトルを「ヤプーズのテーマ」ではなく、単に「テーマ」だけにしたのは、メンバーが照れ屋なもんで配慮したんです（笑）。

『Dadada ism』というアルバムは、私が「歌にちゃんと時間をかけたい」と言って、仮歌を2回は入れて、初めてヤプーズとしてはヴォーカル・アレンジに時間をかけたアルバムなんですよ。なのに、この曲だけは一発だったんじゃないかなあ?

ヒス

平成ニッポン 豊かなニッポン
神経質だがいきなり暴発

このアルバム(『HYS』)のジャケットのコラージュはすごく好きなんです。『ダイヤルY』『ダダダイズム』のジャケットの他にも『ヤプーズの不審な行動―令和元年―』のアイディアをいただいたデザイナーさんで、またやってもらおう!と思って『CD-Y』以外、お願いしてきました。あと、外国の方が聴いてくださっているということで、歌詞の英訳も載せることにしたんです。

この曲はアルバムの最後に作った曲でしたね。そして今回も、もう駒がないよという時に最後には社会的なものが出てくる。社会的なものだけを真面目にやってる人には申し訳ないんですが。それから、社会的なことと言っても、私は政治家の悪口だけは書かないって決めてるんです。政治家の悪口はロックで昔から言われてることだし、たいてい安易だと思うから。私は「ヒト科」で、「人は知能だけで動物の頂点に立ったんじゃないんだ」と歌ったんだけど、たとえば政治家が「金が欲しい、権力がほしい」と、業や煩悩を原動力にして頂点に行こうとするかのようなことは、実際そういう事件が起きると頭に来るんだけど(笑)、でも、そういうものも少し肯定したくなるのは、本能以外に、人間特有の欲というものでこそ、人類は動物の頂点に立ったんじゃないかという考え方も私にはあって、動物は本能で、食べるために他の動物を襲うことはあるけど、煩悩でそういうことをするわけじゃない。そこは人間だなあ、他の動物とは違う、これこそが人間だと思うところもある。私は「政治家=悪人」という考えには与しないですね。欲だ金だ権力だというのがあったとしても、それのためにがむしゃらに努力するんだから、目的はどうであれ、意志の強さがある。そこに弱いんです。そういう政治家は嫌いなんだけど、人に自慢できる目的であってほしいんだけど、それとは別に、本能的なものと違う、本能じゃない部分で、考えて生きたいと思う、生きようとする者は肯定せずにはいられなくなるんです。

「国民の皆様のヒステリー　治安国家と呼ばれているけれど」「クーデターなら過去あったけれど　革命なんか起こらないでしょう」というのは、令和になって、古くなっちゃった気もします。なにが起こるか分からない時代だから。革命とか、戦争とか、だけじゃなく、まさかパンデミックで世界中がこんなことになるなんて誰も予想してませんでしたしね。

あと、これは言わないと誰も気づかないと思うので言いますが、ストレスのところは季節に合わせてるんです。「暑い　だるい」が夏、「寒い　きつい」が冬、「ねむい　つらい」が春で、「淋しい　悲しい」が秋。春と秋は何があるだろうなんて考えましたよ。

この歌は、そもそも〝テロとの戦争〟以来、歌いにくくなってしまいましたね。もう国内でテロがあってもおかしくないとも思える時代になって、長年、社会的な歌は極力避けてきたのに、その少ない中で歌えなくなりそうな歌があるというのが驚きですね。本当に、こんな時代が来るなんて。

とはいえ、実はこれを作ってる時にオウム事件が起きて、収録するかどうか話し合ったんです。ＰＶの撮影で、地下鉄のコインロッカーに何かを入れるところが防犯カメラに映ってる、というシーンを撮る時、中（原）ちゃんと河（野）ちゃんが、二人でコインロッカーに黒い包みを入れた時は警察に囲まれたなんてこともありました。私は女性銀行員によるオンライン詐欺の犯人の役をやりました。正直言って、あの人、個人的にかわいそうなところもあるんですよね。

本能の少女

マッハのような春の日の嵐　彼らの姿は大自然
人間のように悩みはしない　第一蝶は自殺をしない

このアルバム（『ＨＹＳ』）全体のテーマを思春期にしたんです。当時は34〜35歳で、本当の思春期からはもうだいぶ離れたから、そろそろいいだろう、客観的に見ていると思われたかったんです。本当は自分の中に脈々と生きていることだったんだけども……。「ジェット」と「マッハ」で、でも速さというより強さを表したがっている。戦車は重量感ですが、これは速度の強さですね。

この頃は、生きよう生きようとしてました。難しいことでしたが、「今日は自殺をしない」と声に出して言ったり、ギリギリで綱渡りをしていた感じでした。「私が死んだって世界は変わらないし　生きている意味などいらない　関係ないわ」と。そうやって割り切って、本能に頼って生きる。なまじ〝考えること〟は「生命力に水を差す知性のベール」。それを「脱ぎ捨てて　尊重すべきは本能」という歌詞の通り、そうすれば生きられると考えてました。一生懸命考えることで考えることをやめる、みたいな……。考えた末に、本能だけになろうとする。なにが邪魔なんだろうと問うと、あ、考えることだと。そんなふうに自分に言い聞かせるように書いてました。最近は、これではあまりにニヒリスティックな、寂しい感じがするので「私が死んだって世界は変わらないし」を「変わらないが」に変えて、「生きている意味などいらない、関係ないわ」を「生きている意味なら作るわ、自分で作るわ」に変えて歌ってます。

少しだけ背景をいうと、事務所に次々と騙されて、そんな中でもすごく忙しくて、問いただしている時間もなくて、問いただしても相手にしてくれなくて、そうしているうちに問題がどんどん山積みになっていって、精神がすり減ってしまった。ギャラを振り込んでくれないし、私がやりたいと思っている仕事を勝手に断ってしまう。たとえば『ＧＡＭＡ』という映画の話があったんです。ガマとは沖縄の防空壕のことで、いままで語られなかった戦時中の沖縄の当時の主婦の人たちに焦点を当てた映画ということで、防空壕のなかでほかの女性たちと何日も一緒にいて、私は発狂する人の役か、じっと我慢する人か、好きな方を選んでくださいと言われていて、どっちにしようか考えていたんですが、ある日、事務所があの映画は企画ごとなくなるだろうと言ってきた。私はそれを真に受けてしまったんです。のちに映画は完成して、その素晴らしい評判を聞いたのは、とうとう生きることに疲れ果てて世間様をお騒がせしてしまった衝動の一、二年後くらいかな。ああ、出たかったなあと思いました。

変な話ですが、あの事件の前に、実は私はいろんなものに関して悪いクリアをしていたんですね。ＴＯＴＯの契約も切れていたし、『釣りバカ日誌』も翌年、離婚して泣きながらふたたび戻ってくる見せ場を松竹がつくってくれる予定で寿退社するという区切りだったし、けっこう衝動的な感じとはいえ、あまりあちこちに致命的なご迷惑はかけないだろうと考えていた。なので、逆に言えば契約やレギュラーが残っていたら、私はあんなことはしなかったと思う。事務所は、いつも「戸川はスケジュールがいっぱいです」という口実で、例えば『ＨＹＳ』のビデオの編集など、私がしたいと言ってた仕事に関しては断ってしまっていた。宮沢賢治の「オツベルと象」の朗読ＣＤ（『賢治の幻燈』所収・ポリスター）の話は、遊佐未森ちゃんがオツベルでメトロファルスの与太（伊藤ヨタロウ）ちゃんが象、私が地の文という配役でしたが、はじめに私がやったナレーション口調を、演出家が「よそ行きの声だな」と言ったんです。その演出家の注文通りにやった、少し破天荒なナレーションで録音が完了してたんですね。ディレクターは喜んでくれてましたよ。なのにしばらく経ってCD屋に並んでいたので手に取ると、私の所が原マスミさんに差し替わっていたんです。驚いて事務所を通して問い合わせてもらったらすごくこじれてしまったり。あと、マネジメント料50パーセントの契約書に、騙されて勝手にハンコを押されてしまった上に、何ヶ月もギャラが未払いのままだったりと、毎日のようにトラブルが起き、なのに話し合いは先延ばしされていく。「今度ゆっくり話し合おう」とばかり言われ、なのにスケジュールは分刻みで本当にぎゅうぎゅうに決められてしまっていたので、精神的にも肉体的にも確実に病んでいたのです。

　結果的にはいろんな方にご迷惑をかけてしまいました。ライブも何度も何時間も押してしまったりしていました。ファンの方にも迷惑をかけてしまっていたのです。本当に申し訳ない気持ちでいっぱいです。「休ませてくれ、仕事できる状態じゃない」と言ったけれど、もう予定が入ってるからと休ませてももらえなかった。

　でもそういう時でも、怒りの歌詞にはならなかったですね。子どもの頃から牙を抜かれていたから。つまり、そういう時に、怒りが相手に向かうのではなく、自分のつらさを消そうとして、自分に向かってしまうんです。この時にジャケットなどの写真を撮った親しいカメラマンさんが、なぜか唯一それを察知して、撮影の時、カッターやハサミは全部隠したと言ってました。このころ、確かに髪をバッサリ切ってたりしていましたから、そういうところから何かを感じていたんでしょう。いま客観的に見ると、他にも「私もうぢき駄目になる」の歌詞など、あちこちにその雰囲気が出てるんですね。

　ただ、この歌が、こういう事件がなければできなかったとも思わないんです。こういう考えは前から私の中にあるものだし、いつでもこういうものが出てもおかしくなかった。ずっと以前から、生きるということに関して、自分を支えたのは、本能及び「赤い戦車」的な意志。もっと上手くなりたい、歌い続けたいという意志です。でも生きてるんだから、本能というのは強いなと思う。

「ヒステリア」の時点で「いろいろあったわ」と言ってるけど、この後まだ、（戸川）京子の事件や、10年以上経っても良くなってくれない腰の怪我とかありますからね。私は「蛹化の女」と「諦念プシガンガ」は本当に好きで、これからもずっと歌い続けていきたいと思っているんだけど、メンバーに「やったほうがいいよ」と言われてライブで「ヒステリヤ」をやることが多いんです。こんなことが起きる前から「いろいろあった」けど、この先だって、なにがあるか分からない。もう大丈夫だろうという気になったりしたその後で、こんな体になってしまった。でもいいこともあるんだけど。

「蛹化の女」は蛹だったように、これは蝶々になっています。同じことなんです。私はお父さんもお母さんも京子も本当に好きだった。特にお父さん、亡くなる前には「順子、順子」になっていた。まあ昔から「順子、順子」だったけど、その分、十代までは殴る蹴るもひどかった。とても私に執着してましたね。妹が亡くなる前には、妹と仲がよかった。妹もつらかったと思うんです。子どもの頃からコツコツ努力してやってきた芸能界なのに、私がデビューしてから、心無い人に「お姉さんに負けちゃったね」なんて笑顔で言われちゃったりして。最初は笑って我慢してたけど、プライドが高い子だから、あんまり言われるうちにノイローゼのようになってしまって、そのうち私は一人暮らしだったから居合わせなかったけど、私が子どもの頃に虐待されていたのと真逆で、母や父に京子が暴力を奮うようになって、さらに目が見えなくなったりしました。その時期を過ぎて「戸川純さんがお姉さんで羨ましいわ」と言われるようになると、やっと私を自慢にしてくれるようになって、なぜか「純ちゃん」と呼んで友だちみたいになってくれましたが。自殺未遂の直後から、ふたたび私のことを「恥ずかしい姉」と見なしたり、けなしたりするように戻っちゃったんです。テレビのワイドショーで松尾貴史さんが「お姉ちゃんがああいう気性の荒い性格だから『その相手をして、私、遊びにも行けないの』と京子さんが言ってましたね」と言ってたけど、全然そんなことはなく、私の方が京子には怒られてばっかりいましたよ。

でもいまは父と京子はもういないし、母ももう年で、一人一人亡くなっていっちゃって、最後は私が一人残るんでしょう。私はそれまできっと、どこかで家族に認めてほしかったのだろうけど、この歌の歌詞を「生きてる意味なら自分で作るわ」に変えて歌うようになった頃、それをやめたんだと思います。生きてる意味は自分で作る、本能だけで生きる。虫に惹かれるのはそういうところだと思うんです。本能というものの強さっていうのは、虫を見てると本当に圧倒されますよね。

今度のバレンタインには食べきれぬでかいチョコ
恋する乙女の胸玉砕覚悟

バズーカですからね。またウェポン関係（笑）。河（野）ちゃんが「俺のバカパンク」って呼んでた。河ちゃんらしいノリのいい曲です。笑いが大事なんですよね。私の歌詞は、笑いがダメ、という人は若干分かってもらえないところがあると思う。真面目にやれと言われちゃいそう。でもどうしても笑いたい（笑）。

これは笑っちゃうような一生懸命すぎる恋の歌ですよ。字数が合わず、残念だったんだけど、「誕生日に手編みのセーター絶対着れないのやるぞ」というところに「ＬＯＶＥ」とか、可愛いクマちゃんを編み込んで、というのを入れたかった。こういうのは情念とまったく違うでしょう（笑）。上野（耕路）さんがどっかで「情熱は歌うが情念は歌わない。情念は目元暗く、暑苦しい気がする」と書いてたんです。私も「その通り！」と思います。私が本当にやりたいのは情熱です。「ラブ・バズーカ」だって情念じゃない、情熱ですよ！

これも「私が死んだって世界は変わらない」（「本能の少女」）と表裏一体じゃないですか。私には、青春って一生ものなんです。だからいまでも歌えてる。これも実は「赤い戦車」的なものがあって、「ビンタ受け蹴っ飛ばされそれでも愛してる」――どんなことされてもそれでも愛してると、意志はまったく微動だにしませんからね。「人間魚雷自爆する」とも言ってるけど、もともとが「玉砕覚悟」なのでねえ。

もっとも私は実生活ではそんなでもないですよ！　あっさりしたもんです。「行かないで」なんて絶対言いません。止めても行くだろうって思ってますし。悲しいけど、行こうとしてる人を言葉一つで止めることはできないと思う。私自身は恋愛ターミネーターではないですね。

「かてて加えて私はブスだしバカだし　更に言うなら性格悪いしくどいし」から「悪循環悪循環悪循環」までのたたみかけるところは自分でも好きですね。最後、さらに「少しも　ちっとも　微塵も　かけらも」とまたたみかける。一つの意味にこんなに表現があるなんて日本語っていいなあと思います。

けど、この歌の主人公も「こんなことしている以上　嫌われても当然か　何やってんだかと　ふと悲しくなりもする」と分かってもいる。しかし、「でも！」なんですね。しかも「でも行かないで」とすがるのではなくて、「さあ戦争だ！」となる。もはや、ほんとに相手を好きなんだかなんだか。あくまで実生活とは合いませんが（笑）、「行かないで」じゃなくて、力づくでなんとかしようとするのは、「愛してるって言わなきゃ殺す」（「好き好き大好き」）と同じこと言ってますよね。

　私の十代の終わりはその頃なりにラブなことはありましたが、こと性的なことに関しては18くらいまでは特にすごくウブでしたよ。

シャルロット・セクサロイドの憂鬱

何も起きぬロケットの中で
それでも私は生きるほうと　生きるほうと選んだのだった

もちろん、シャルロットはシャルロット・ゲンズブールのシャルロットです。彼女はこの頃、思春期っぽかった。つまり「バーバラ（セクサロイド）」と違って思春期の自意識にも合ってる感じがしたんです。ちなみに「例のロボット三原則を　守りきれない新世紀」というくだり、いまでは「守りきれない今世紀」と歌っています。

これは小学生の頃の自分の部屋の中です。閉じ込められた部屋で、父に逆らってでも出ていこうという芽も摘まれている。家では虐待され、いじめのある学校にも、その中間の通学路にも、私の生きられる場所はない。このままでは死んでしまう、逃げろ逃げろという願いがある。でもそこから出ても女優になれるか、また我慢の人生に戻るのかは分からない。それでも賭けに出ようとしたんです。小さい頃、私がつらいと思っているようなことは、誰でも同じように通る道だと思っていたんです。でもだんだん、他の人はそうじゃないんだと分かってくると、さすがに孤独感は強くなりましたね。この歌では珍しく「孤独」という単語を出しています。この言葉は出さないつもりだったけど、ガルシア・マルケスの『百年の孤独』（新潮社）は好きな本でしたので、その引用ということで出しました。人の寿命はだいたい百年未満なので、この人生百年時代においても『百年の孤独』というのは一人の人間にとって「永遠の孤独」とほぼ同じ意味なんですよね。この孤独感と、閉じ込められて出口のない気持ちは作った当時と十代の頃を重ねて書いていましたが、これはいまでも歌える曲だと思っています。

永遠にも思える孤独の部屋で、「一那由他分の一に起きる　奇跡に賭ける　交信をしてくる何者かに　出逢えることに賭けたのだった」という時の、賭けの確率はいちばん大きい単位にしたかったけど、そうすると「一無量大数分の一」になっちゃって語呂が悪いので、字数合わせで無量大数の二つ前の単位、那由他にしたんです。歌詞カードでは「那由多」になってますが、「那由他」が正しいです。「那由他」の一個後は「不可思議」といって、それだと単位と思われないし、「那由他」は響きもはまりも語呂も良かった。このくらい大きな単位になってくると仏教的スケールですよね。この「一那由他分の一」に関して嫌だったのは、「蛹化の女」が映画『ヘルター・スケルター』の挿入歌になった後、この歌を引き合いに出して論じられていたことがあったんです。「一那由他分の一の賭けで『ヘルター・スケルター』に使われて、（戸川純は）芸能界で生き延びた」と書かれていたんだけど、それは的外れですよ。出会えることに賭けたという意味はそういうことではまったくないのに。

私は十代のあの時、確かに出会えることに賭けたんです。それは　一人だけのロケットの中＝自分の部屋の中＝人と共有できない自分の趣味、みたいなものの中で、それでも一人感を感じながら、生きるほうを選び、ロケットに交信をしてくる人と会える、そんな奇跡に近いものに賭けて生きる、ということです。その賭けの結果がゲルニカでした。と、いうか、（久保田）慎吾やナイロン１００％でできた友だち、そして、上野（耕路）さん、ということだったのです。だから、賭けに勝ったのです。ゲルニカはまったく奇跡的な出会いだったと思います。それまで、誰とも趣味が合わないでいたのが、あれだけバシッと合う人に出会うなんて本当に奇跡です。そこで私は楽曲が生きるようにしたし、上野さんは上野さんで、私を生かしてくれた。それまで歌を歌うということは全然思っていなかったけど、上野さんに出会えたことは私にとって「一那由他分の一」と言われてもそうだと思う。

それに、慎吾や（高木）完ちゃんをはじめ、ナイロン１００％で出会った人達の多くは、なにかしら家庭に事情のある人が多かった。うちは両親は揃っていたけど、門限があったり、厳しいということはみんななんとなく分かってくれてた。高校では家が厳しいという点で疎外されていた頃もありました。もちろん優しい友達もいてはくれたけど、でもナイロンには高校では感じたことのないような居心地の良さがありました。あそこには、なんとなく家に居づらかったりする子達が集まっていたのかもしれないですね。

　家族のこと、理不尽に暴行されたことなどが心の根底に、腐ったどぶのように流れている。腐ったというにしては形ははっきりしていて。こんなふうにいろいろなことを思い出すことで、なぜ自分がこれを書いたのかが改めてわかります。そして、私としては人を励ますことができると思って書いているわけじゃないけれど、こういう歌で、慰められた、励まされたというようなことを言われると、私の方も慰められ、励まされました。ただ、かわいい高校生の女の子が小さな丸文字で、「純ちゃんになりたい」なんて手紙をもらうことがよくありますが、「それは本当にまったくもって止めたほうがいいよー」と強く思います。歌手をやっていてよかったなとも思います。もしも女優一筋でやっていたら、そういう励まされ方なんてなかったと思うから。

思春期病

神様にお祈りをしてみようかな　私はとてもとても悪い子だから
窓辺に　もたれて

「あす　誕生日　無事に迎えますけれど　去年の今頃も　重い身体　成長を拒否するかのよう　まるで思春期」
——ということで、これは毎年、誕生日ライブでやっています。書いた時は、普通に痩せていて、それでも動かない重い心を引きずるようにというような気持ちで書いたんですが、いまはもっと前向きに、たとえ笑われようが、必ず元の体に戻るつもりでやってます。

思春期の頃、私は人よりも成長が早かったんです。中学に入る頃にどんどん背が伸びて、全然デブじゃなかったのに、クラスの男の子にデブ、ブスって言われてた。でも傷つきもしなくて、ブスなのはしょうがないと思ってました。水泳をやっていたし、歌も歌っていたから、あばらが人よりも広くなっちゃっていたんです。その他にクラシックバレエもやっていた。

身体の成長が早いのは恥ずかしかったけれど、父親は私の背が伸びると喜んで「順子、また伸びたんじゃないか、測ってみろ」って、柱で測っていましたけどね。確かに柱の傷がどんどん上に伸びていってました。初潮も五年生と早かったけど、これについては恥ずかしくない私としては〝来た〟こと自体はうれしかった。なのに成長するにつれて痴漢被害が多くなり、そういうことで成長を拒否したくなる。いずれにしても成長というのは、私にとって、重いキーワードでした。

でもこの「思春期病」というのは内面の病なわけで、しかも何歳になっても春先なんかに、五月病のように、いきなりなったりする。それを私は思春期病と呼んでいたんです。

ところで一つだけ、ここではっきりさせておきたいのは「うそつきだと言われるけど　虚言癖は直らないの」で始まるけど、私は虚言癖はないです！　これが出た直後、ある人から電話があって「純ちゃん、虚言癖はいい加減にして！」って言われたの。「いや、これは歌詞だから。虫になると歌っててもほんとに変身するわけじゃないって分かるでしょ、それに私、嘘なんかつかないよ」なんて説明したりして。意外に歌詞は怖いです。「気分屋」とも言われないし、成長拒否や「私はとても悪い子だから」みたいな自罰的な気分や「お祈り」なんていうのも〝子どもらしさ〟や〝思春期らしさ〟を表現しようということなんですよ。たとえば「お祈り」というのは「精進しても　どうしても見える」（「Fool Girl」）のように努力するのとは違って、他力本願なんです。努力はフィジカルも含むけど、神頼みはメンタルだけの話ですよね。それが思春期っぽさということじゃないかと。ただし、おおむね「思春期病」というのは、実年齢は思春期じゃない人の病気なんですね。

でも私の場合、成長拒否は実際の思春期の時にはひどかったけど、歳をとるにつれて、誕生日が嫌だという感覚は無くなっていきました。歳を重ねればいろいろいろいろそれなりになるけど、それは当たり前のことだと、二十歳すぎた頃から思うようになりましたね。きっかけは、かわいい格好した時からですね。私はコム・デ・ギャルソンしか似合わないと思ってたのだけど、TOTOウォシュレットのCMでスタイリストさんに衣装や化粧をしてもらって、自分では絶対にしないような格好をしたことでした。頭に朝顔のカチューシャをつけて、ロリロリなオムツのような、白いドロワーズのようのものを履かせられて、あの頃、私、眉毛ほとんどなかったんですけど、ゴシゴシに書かれた。中川比佐子さんがやってたようなのじゃなくて、もっとほわっとしてましたけど、その太眉には、心の中で「やめてやめてやめてやめて！」って思ってました。あと「青いアイシャドウは使わないで」とか、「バカボンみたいな濃いピンクのチークやめて」とか、ボルドーではなく「真っ赤すぎる口紅やめて」とか、心の中では抵抗していて、実際、鏡で見ると子どもが初めてお化粧して失敗したみたいな顔になってるんです。それが、照明を当てて、出来上がった時にはちょうどいい薄さになってる。全部計算されているんです。スタイリストさんに「この子は頭に何かつけると似合うわね」なんて言われたり、赤い鼻緒の黒塗りの下駄を履かされたりしてました。そのどれもが好きになりました。ゲルニカはおばさんの若い頃のモダンなファッションだったし、普段はコム・デ・ギャルソンばかりを着ていたし、これから歳をとればファッションはどんどん落ち着いたものになっていくんだと思っていたけど、自分では絶対にやらないようなメイクやファッションを施されて、「ああ、もう歳なんて関係ないんだ」と思ったんです。その時に教えてもらったもので、これはこれからもやっていこうと思ったのは、逆毛です。とにかく毛を逆立てる。ボリュームのない髪が嘘のように豊かになった感じがして、体を壊す前まではやってました。キューティクルはボロボロでしたけどね。あの体験がなければ服装は黒いままだったかもしれないです。せいぜいピンクハウス止まりだったかな。未だに頭に何かつけるのは好きですよ。カチューシャやヘアアクセサリーじゃなくても、帽子やカラーウィッグとか。いま思うと、当時はああいう姿だったから、好いてもらったというのもあったかもしれません。商品が商品だから、生々しくなく生活感もない、ドールのような雰囲気の方が良かったんでしょうね。あの頃よく「光合成で生きてるみたい」なんてファンレターが来ましたが、そういう印象はT○T○さんとしては成功だったんじゃないでしょうか。

とにかくその辺りから、成長とか実年齢も気にならなくなってきたんです。

少年A

ずっと秘密にしてきたけれど　部屋で練った世間への復讐
非力すぎる自分への不満　殺したい人の名前を書く

これは曲調をリクエストしました。タイトルは、歌詞を全部書き終わってからつけました。高校時代の私はこんな感じでした。

数学の授業で黒板のところで問題を解いて、いちばん後ろの自分の席に戻って、ふと黒板を見ると、私の文字だけ、筆圧が高いんです。チョークがぼきぼき折れてる。本当に八つ当たりみたいな感じ。怒ってるんですよね。数学だから具体的な感情は入らない。でもだからこそ怒ってる感情が率直に出ていたんですね。あの筆圧は無意識のヒステリーなんだなと思いました。「積分微分　解くの　さされて　チョークにぎって　黒板に向かったとき」と、そこは「微分積分」にしたかったけど、字数の問題で逆になってしまいました。「微分せ、きぶん」になってしまうんですよ。意味も大事だけど、第一には音楽だということを重視しなきゃ、と。「シータ、ガンマ」も同じですね。「ガンマ、シータ」でも字数は合うのですが、楽曲にした場合、音感的に「シータ」を先にしたかったんです。

最後は、一応放火しちゃまずいだろうと思って、「マッチが　ボキボキ音を立てて折れる　学校」にしといた。代わりに「数国古英論物歴美地音保化」の最後の二文字で「ほうか」にした。こっちは音楽だからできることですね。そして最後に分かりやすくサイレン。だから「少年A」なの。

神聖かまってちゃんのの子くんに会う前に資料のCDを聴いた時、「少年A」ぽいと思いました。自分の若い時のことを書いたけど、いまの若い子にもいるし、こういう子はきっと常にいるんだと思います。ファッションなんかもいかにも不良に見えるわけじゃないけど、一人でいて苛立ってる、怒ってる子というのは。

高校の時、最初は成績良かったけど、どんどん下がっていきました。入学してからまったく勉強しなくなったんです。他には、本を読むくらいで、特別なにかをしてたわけじゃない。中学の時、石川達三の『泥にまみれて』（新潮文庫）を読んだんです。石川達三は女には参政権は必要ないと提唱していてリブ派の敵だったんですね。朝日新聞に連載していた「サザエさん」にも石川達三に抗議する4コマ漫画があったくらいでした。でも私は当時は好きだった。いまは大嫌いですが（笑）。あまりに男尊女卑な思想で「女性はこうあるべき」と書いている。どんなに夫に浮気なんかされても泣き寝入りするのが女性だ、みたいな。旦那に浮気されて実家に帰ってきた娘に、お母さんが「女というものはそういうもの」と諭し、あなたのお父さんがどれだけひどい人で、自分がどれだけ我慢してきたかを話す。でもタイトルが『泥にまみれて』なんだから、石川達三も、自分がいかにひどいことを書いているかは自覚していると思うんだけど、同時に、「このままリブ派が台頭しては、古き良き女性の何かが失われる」という不安で書いたんだと思う。まあ「泥に咲く蓮の花が美しいように、辛抱して忍耐する女こそ美しい」みたいな変なこという人もまだいたけど、私もそういう変なしつけをされたんです。大正生まれの父親に「お前は結婚しても門限は10時だ」とか、小さい頃から婚約者はもう決まっているから、おとなになったらその人と結婚するんだぞとか、めちゃくちゃなことを言われていて、それを真に受けてた。それで、たぶん私は将来、『泥にまみれて』の人のように、耐えに耐えて、諦念とかを抱えて生きていくんだろうと思っていたんです。まさかこんな派手な将来が待っているとは思わないから、女優にはなりたかったけど、現実的に考えるとこんなのかなと思っていた。「諦念」というものを意識するようになったのはこの頃でした。

父親のそういう押し付けは、溺愛でもあったんです。この間、神社で七五三の子どもたちを見て思い出したのですが、私の七五三の写真を見ると、「わあ、お金かけてくれてたな」と思うんです。着物だけじゃなく、錦の袋に入った懐刀まで帯のあたりに挿して、大きなボックリを履いて、他の子どもたちより明らかに豪華な支度をしてもらっていた。懐刀というのは、昔、女の人が襲われた時に、相手と戦うんじゃなくて、自分を殺すために持っていた刀ですよね。高いボックリは歩きにくいし、愛はあったかもしれないけど、ずれていたんでしょうね。私は全部、真に受けてたわけですが。

本を読むようになったから勉強しなくなったというわけではありません。もともと、その高校は、受験に失敗してから慌てて探した学校で、面接試験の時に母も呼ばれて「本当にうちでいいのですか」と訊かれたくらい、勉強の嫌いな子が多い学校で、私の入試の点数は1位だったらしく、入学してからのテストでも2位でした。勉強しなくてもしばらくはまったく落ちなかったんです。1位の子は入学直後に喫煙で停学処分になっている子だった。「いひひ」って笑う子で、髪型や目つきが（久保田）慎吾みたいでしたよ。家が資生堂の化粧品店だったので私の顔に化粧してくれました。2年の時にはパンクの化粧をしてくれて、授業中、先生から見えないように下向いてました。他のいろんな、話したこともない子に「友だちにならない？」なんて言われたけど、「ごめん、一人がいいから」と全部断って、昼食の後は一人で図書館に行ってました。みんな、「絶対女優になれる」なんて言ってくれて、優しい子ばっかりでしたよ。ただ、私は特定の友達を作ろうとはしなかった。親友とかさ（笑）。親友になるってどういうことなのか分からなかったですね。話をしても、私の気持ちは分かってもらえないと思ってたし、日曜日にどこかに遊びに行ったりしているクラスの子達は敵だと思ってました。私には許されていないのに楽しそうだから、羨ましかったんでしょうね。学校の帰りに一人で洋服屋に行って、タクシーで帰る。高校でも「ＭＣシスター」とか読んでて、でも着ていくところがないので、家で着てた。

2年の時にセックス・ピストルズを聴くようになったんです。成績低下にロックが影響したわけじゃないですが。ヘッドホンでずっと聞いてた。（戸川）京子が、その頃の誕生日にレプリカの小さなカミソリのイヤリングをくれたのを覚えてる。

いじめ

朝の光がキラキラ　すずめのかわいい鳴き声
夜が続けばいいのに　出口がない日々

この時は特に状況が暗かったから。これもバッドエンドですね。救いはない。でも私がいじめに関して、「こうすればいいんだよ」なんて言えることがあるなら、もうとっくにいじめなんかなくなってるわけで。

これが「少年A」みたいな曲なら、こういう歌詞は書かない。可愛い曲調だから、こういう風にだったら言えるけれど、攻撃的には言えないです。

私は小学校の時、よくネクタイをしたブリティッシュ・トラッドのスリーピースを着せられていました。靴も子ども用のサドルシューズ。革だから痛かった。その後、髪はマッシュルームカットで、GSっぽくワンピース＋パンタロン＋黒皮のブーツとか。ランドセルを持たずにフリンジの付いたショルダーバッグに教科書を入れて学校に通わされてて、そういうオシャレな服だったり、良いものを持っていたから、金持ちぶっているように見えたんじゃないかと。

それで、男子数人に抑えつけられて石でガンガン叩かれて、いつも傷だらけだったんです。もしかしたら泣くまでやるつもりだったのに、私が泣かなかったから終わりが来なかったのかもしれない。

この曲を聞いて、誰かが「朝が来なければいいのに」ではなく、「夜が続けばいいのに」というところがすごく分かっていると言ってました。夜の暗さが変わらないことが大事で、朝のことは考えてないんです。でも歌詞としては、光がキラキラして、鳥が鳴いて、世間的には綺麗な光景があって、でもそれが嫌。変化が嫌なんです。

これが逆に、夜の風景を描いて「夜が続けばいいのに」では、映像的にも印象が弱くなるでしょう。綺麗な光景とのコントラストが大事。

出口がないという一種の諦念ですが、これは「朝の来ない毎日」「夜の続く毎日」を嘆く「バーバラ（セクサロイド）」と、同じ諦念じゃないかな。バーバラは、自分はペシミストではないと言ってるけど、あれも違う形での諦念なんですよね。

それいけ！ロリータ危機一髪
―或るスパイを襲った一種の強迫観念について―

ああ世界中がすべて敵に見えるのよ
まるで殺したいほどに憎まれることしたような感じよ

これは最初から、曲調を聞いてタイトルをつけたんです。珍しくタイトルが先。バンド内では、そのタイトルはこの歌詞にはちょっと合ってないんじゃないかという意見もありましたが、押し通させてもらいました。曲調の方を押し出したかったの。「それいけスマート」のような昭和の海外ドラマみたいのですね。

バブルの崩壊後で、気分的には「それいけ」という調子の良さはますますレトロになりました。アルバム1枚に1曲はスパイ物を入れようと思ってて、そもそもスパイ物というのはレトロですし。

思春期という全体のテーマにも通じているつもりです。ギャラ未払いとか、50パーセント持っていかれる契約とかで追い詰められていって、それこそ「働けど働けど」で、どんどん騙されていった。そういう時期の被害者意識ですね。

ただ、「被害者意識と加害者意識が　ふたつそろって襲って来るのよ」と、加害者意識もあった。いつも遅れたり、ライブ開始を押したり。それはそれで心の重荷になってた。とはいえ、それは別にしても、生きている以上、常にあるものじゃないかとも思うんです。かなり追い詰められている割に、その状況を引いて見ている自分もいる。

このアルバムは、「いいおとなになって自我について語るのか」みたいに、某サブカルミュージシャンに笑われました。彼の番組に出た時、パラシュートパンツ履いてったの。そしたら某サブカルミュージシャンが「どうしたんですか、戸川さん、ケラさんみたいな格好して」っていうから、ヴィヴィアン（ウエストウッド）の初期知らないんだと思って。初期パン知らないんだと。それで新譜だったこのアルバム（『HYS』）の曲目を見て、「思春期病」辺りのタイトルで「まだこんなことやってる人がいると思ってびっくりしちゃったんですよ」って言うんで、「それ冗談で言ってくれてるんだよね」って言ったら、「いや冗談じゃないです」って、キャラでごまかす感じで答えた。「僕はでも、昔本当にノイローゼになった。それでも戸川さんに比べたら何でもない。（戸川さんは）陰々滅々道の黒帯だと思ってますから」だって。「あのやろー」と思いましたよ。暗いばっかりじゃないんだけどなと思って……。

　タイトルだけ見て、中は聞いてなかったんだと思う。それこそ、私が初期から、青いながらにやってきたことがあって、それは少しは客観的に分析できるということだったんじゃなかったかと思って。そういうことをやってきただけのことはあるんじゃないかなと。

「もっと、こういうのたくさん、書けばいいのに」と言ってくれたのは渋谷陽一さんでした。あの人も、被害者意識と加害者意識に襲われてた気もしますからね。賛否両論があって。「SIGHT」を創刊した頃で、自分で写真も撮って、インタビューして文章にして。という雑誌の最後のページに、私の記事を見開きで、そこですごく言ってくれてた。「こういうのを聞くと、ああ、戸川純だなと思う」って。

　私も一応、歌っている時はスパイ物として歌ってます。こういうのは強迫観念だってことは自分で分かってるんです。だから、サブタイトルにも、そういうの、つけましたしね。

それいけ！ロリータ危機一髪

～或るスパイを襲った一種の強迫観念について～

ワルサーPPK　両手で握って
部屋から一歩も外に出られない
不安が続くの　ドキドキしてるわ
一人に慣れてるつもりでいたけど

ああ世界中がすべて敵に見えるのよ
まるでみんながみんなおこってるみたいな感じよ

不安がつのって歯がガチガチ言ってる
まるで大勢の人に狙われてるような感じよ

被害者意識と加害者意識が
ふたつそろって襲って来るのよ
不安がつのって歯がガチガチ言ってる
窮地に慣れるよう訓練されたけど

ああ世界中がすべて敵に見えるのよ
まるで殺したいほどに憎まれることしたような感じよ

被害者意識と加害者意識が
ふたつそろって襲って来るのよ
ふるえる少女をかばうかのように
私を守ってワルサーＰＰＫ

あたしもうぢき駄目になる

正常な意志　日増しに減る　行動すら　記憶途切れる
他人や自分、ものに対し　押さえきれぬ破壊衝動

わあ！　これですかー。これはもう封印していました。あまりにも、歌うと本当になっちゃう感じがあって……。タイトルは高村光太郎の『智恵子抄』からの引用です。「山麓の二人」というこの詩では、夫は「わたしもうぢき駄目になる」と泣く智恵子に対してなすすべもないのですが、この歌では救いがあります。「何故こんな者にまで慈悲を　憐れむ君　本物の天使　罵詈雑言を吐かれてもなを　いかれても見捨てないと言った」というところですね。

この歌がいちばん、このころの私を表してます。本当に病んでますね。「それいけ！ロリータ危機一髪」よりもっとひどいところに来た感じ。でもこれには意外にも中（原）ちゃんがNGを出しませんでした。病的なものはダメということになってたけど、私の歌詞史上、いちばん追い詰められてる。

「それいけ！ロリータ～」は外を向いた表現だけど、これは自分の中に向かってますね。かろうじて、バッドエンドじゃなく、見捨てない人がいることが見えてるのが救いだと思います。救いに感じるものは人でした。ちゃんと人だった。だんだんダメになっちゃう時は誰もいなかったんだけど。

でも意外とこれ好きだという人はいるんです。赤裸々で。このアルバム『HYS』の時、実は詩を書くのにはそんなに苦労した記憶はないんです。最後に「ヒス」を書いたし。追い詰められていると言っても、ものを作る力は失われてはいなかった。

振り返ると、この時がいちばんつらい時期ではなかったかな、と思うんです。

赤い花の満開の下

本当にやさしい人だった　別れても大好きなままだろう
青い空雨上がりの雲　結局 私 長生きしそう

「あたしもうぢき駄目になる」をNGにしなかった中（原）ちゃんは、そのレコーディングの後で、この曲を作ってきたんです。緻密なアレンジに頭抱えていた『ダイヤルYを廻せ！』の時に「供述書によれば」を一発で録ろうよと言ったように、「今回はほんわかしたのがないから、作った」と言って持ってきた。

　これを聞いて、ちょっと気持ちがほんわかして、だからそんな歌詞を書こうと思いました。だからと言ってまるっきり能天気なのは書けないけど、人と別れた後、前向きに生きていこうという歌詞になりました。「いざとなった時は神様もいるし」というのは、本当に誰もいなくなった時にも大丈夫と。ちょっとたたみかけて言い聞かせています。そういう言葉を実際に口から出すと、本当に絶望しなくなるんだと思いました。しみじみと言霊を感じましたよ。今回に限らず、こういう言葉を出させてくれて、中ちゃんはありがたいです。いつも引きで見ているんです。「あたしもうぢき駄目になる」はそのままにさせて、でもその後にこれを出す。やっぱりバンマスだなあと。

　タイトルは坂口安吾の『桜の花の満開の下』からとってるわけですが、全体のムードには梶井基次郎の『桜の樹の下には』の桜の下に死体が埋まっているという、ちょっとそういう不気味さも滲んでいます。でもさらに深く考えればね、もう自分は死んで埋まってて、生きてる自分がそこに立っているということかもしれないです。で、死んだ自分は埋めてしまって、また自分は生きていく。

自分が長生きしそうというのは昔からよく思ってた。でも、この後に世間を騒がせてしまったゴタゴタは本当に洒落にならなくなっちゃって、そういうことをしないで、生死の間を表現できる、と言われる人のままでいたかったですね。それでもね、生と死の間のことを歌ってる歌手は他に聞いたことがないのでね、そういうところに私の歌手としてのアイデンティティのようなものがあるかな？

それから、中ちゃんが不思議だねって言ったのが、「ホーリー ツゥエン ツァイ ライ（何日君再来）」というコーラスのことです。ヤプーズとしては『CD-Y』は別として、長いこと最後になっているんですが、これが中国っぽい曲だと思って、みんなにディレクションして、何小節かごとに「ホーリー ツゥエン ツァイ ライ（何日君再来）」と入れたんです。私は卓にいて、ブースのメンバーに発音の指導をしてた。いままで「ロシアよりYを込めて」ではロシアとか、フランス語、ドイツ語など、いろんな言葉を出してきたけど、とうとう中国語出しやがったと。これはあえて能天気なムードにしました。明るくね。それで、「この最後の曲で〝さようなら、いつ君また帰る？〟という言葉を入れていたね、奇しくもね」という話を中ちゃんとしましたね。

輝きは ひとつのいろ
どんな時代にもすべての人が だいじにしてきた

またヤプーズをやるということで、ガラッと変えようと思ったんです。いままで、たとえば「コレクター」とか「好き好き大好き」の「愛しているって言わなきゃ殺す」みたいな束縛感のをやめようと。父親の影響で、いつの間にか私も人に対してそういうものを持っていたんじゃないかと思って。「だけど自由に放つの」とか「そしてあなたを見守る」と、いままでとは逆になってみようと思った。それが一つ。

それから色味です。「赤い戦車」や「Fool Girl」を始め、私の歌にはいろんな色が入ってる。で、この歌ではこれはトリコロールを出すことにしました。冒頭「私は青 紺碧の」というのは、昔、沖縄に行った時、〝紺碧〟という地酒があって、どういう意味ですかって聞いたら、沖縄の海の色だと。紺色と碧は青とみどりの間くらいの色。それを、綺麗な色の名前だなと思って覚えてたんです。つまり「私は青 紺碧の」とは海のことだから、「あなた飲み込み あなたを覆う」。そしてそのあと、「自由に放つ」。キャッチ&リリースですね（笑）。人を魚のように弄ぶなと言われそうだけど、「自由に放す」ということを言いたかった。曲の流れが曲線だから、スピーディーな感じがしたんです。ゆっくり放すんじゃなくて、あくまでもスピーディーに放つ。束縛することが、相手に悪いと思うようになったんです。そもそもは自分が束縛されることが嫌だったのに、気がつかないうちに人を束縛する、父と同じような感覚の歌詞を書いてきたなあと思ったんです。で、また新しくヤプーズを始めるなら、変わりたいと思いました。

たとえば「オーロラB」の頃、私は、一人がいいと思いながら、でももし私にお兄さんがいたら守ってくれなかったろうかとか、兄弟じゃなくても、誰か、あの子ども時代に私を助けてくれる人がいてくれたらどうだったろうなんて思ってました。ずっと後になってですが、あの歌を歌っていて、ここで「帰ってきて」と言ってるのは、「助けて」と言ってるようなものだと、そんな感じがしたんです。

けれども、そういうのもなしで、初めて本当に、相手に自由にしてもらいたい、もう束縛はしないし、助けのようなものもいらないと思えた。これを作った頃は『HYS』を作っていた頃と比べたら、精神的にずいぶん余裕があって、切迫して助けが必要とは思わなくなっていました。

昼間っぽい景色の歌は珍しいかもしれませんね。「サンプルA」は、腐乱した状態で海まで流れてきた昼間の海岸の情景ですが、心情はドロドロしている。でもこれはもっと爽やかで、眩しい輝きです。それだけ、ヤプーズの再会に新鮮さを感じていたんです。

〝輝き〟というのは色味とは違います。雲とかエアーカーみたいな、具体的なものではなく、青、赤、白と光という色だけで、情景を歌う。ところどころバラの香りとか鮮血なども出てきますが、それにしてもあまり具体的ではなく、色味だけでイメージを作っている。月の光もここでは本当に色と光だけですね。いわば、「朝の来ない毎日」（「バーバラ・セクサロイド」）から、朝に到達した感じです。

これはアルバムの完成度、製作過程にはいろいろ問題があって、必ずしも満足のいくものにはなっていないんですが、歌詞を書いた心境は、前作までと大きく違って、とても新鮮な気持ちで作った曲です。

シアー・ラバーズ

私は青 紺碧の
あなた飲み込み Marine Blue
私は青 晴天の
あなたを覆う Sky Blue

だけど自由にはなつの スピーディーに
そしてあなたを見守る Sheer Blue

私は赤 炎とはなち炎上する 紅蓮 Fire Red
私は赤 鮮血の熱く滴る Blood Red

私からはなちたつは スピーディーに
薔薇の香りの Deep Red
私から流るるは スピーディーに

薔薇のかたちの Sheer Red
輝きは ひとつのいろ
どんな時代にもすべての人が
だいじにしてきた

Brilliancy, a firm color
Necessary, all the time
The white it is the color of love maybe

白いしぶき輝く スピーディーに
光しかそこにはまだ なにもないから
そしてあなたと見守る Sheer White

私は青 紺碧の 私は赤
あなたは白 プラチナの
あしたは白

私は見ていた　冬のような厳しさの
あの身も凍る状況で　なおも燃ゆる我が炎

「さあ もう 傷は癒えた 立ち上がり　いざ行かん　さあ もう 痣は消えた 走り出し　いざ行かん」というものすごく前向きな歌詞です。いまは何しろそういう体ではないのですがね。これは（戸川）京子が亡くなって1年くらいした頃で、やっと「もう傷は癒えた」と言える心境になっていた。

過去のさまざまなことを思い出した上で、それでも最後の一行、「なぜか冷静だった」と、そこも分かっている。自分のことを歌っていても、完全に自分にしか当てはまらないことをでは、伝わらないので、比喩などにして歌います。そこから、聴く人がその人のことに重ね合わせたりして、少しでも共感を得られて娯楽なりにしてもらえたら、と思っているので、なにからなにまで自分のことにしたくはないわけです。だからこの「ヒト科」にしても、シンパシーを感じてくれるようなものじゃないとね。

恥ずかしさもあって、虐待とか、そういうことは人に話してきませんでした。たとえばそういうことは、表現としては「牛のように豚のように殺してもいい」止まりにしたから、蜷川幸雄さんなどにも共感してもらえたんだと思うんです。もっと具体的に虐待そのものを歌っていたら、共感はしてもらえなかったでしょう。私の歌も人にとっての娯楽なのだと思うと、自分の話だけで終わるようにはしたくない。京子の一件のことや事務所に騙されたことなど、一種のストーリーがあってと思われるかもしれないけど、私個人ので終わりたくないんで、こういう風に、そういう状況でもがんばってる人って、絶対にいると思うので、そう思って歌っているんです。だけど、人に対して「がんばって」とか「走り出して」「立ち上がって」なんて絶対言わない。自分が「走り出し」「立ち上がる」、自分が「いざゆかん」です。それなら嫌な人は見なきゃいいわけだから。戸川もいろいろあったよな、だからこんな歌歌ってるんだなで、それ以上は無視できる。それでも、私が自分を鼓舞しているところを見て、シンパシーを感じてくれる人の励ましにはなってくれるかもしれないし、なってくれたらなと思うんです。決して、それが一番の理由で歌を続けてるわけじゃないのですが。一番は「吹けば飛ぶよな男だが」みたいに、自分のためなんですよ。

「ヒト科」——つまり、昆虫に対しての「ヒト」ですね。かつて、耐えきれないつらさに耐えるために、何も考えない虫になることを望んだけれど、いま、ヒトのままでいようとする意志、ということなのかな。「本能の少女」なんかでも、傷つかないために虫を見習おう、本能に任せようと言ってましたけど、ここでは「ヒトであること」を肯定しているんです。ヒトであること、すなわち「ヒトは知能だけで動物の頂点に立ったんじゃないんだ、ヒトは凄いんだよ」と。これについては2番で、「人は欲や煩悩で、動物の頂点に立ったんだ」というのも入れようと思ったんですけどね。そうすると、もっとわかりやすいかなと。

　昔は自分がヒトであることが、弱い感じがして、ブルース・リーの「考えるな、感じろ」みたいなことを言っていたのだけど、私、この頃に別の歌詞も書いてるんです。「ヤプーズのテーマ2」。当時、メンバーが6人いたんですが、「考えろ、考えればわかる　あたしらは6本の考える葦」っていうんです。

　虫を喩えに出していた時は、人間でいることがつらくて、虫になれたらどんなに楽だろうと思った。なぜ人間の方が虫よりつらいかといったら、それは感情に振り回されるからだけど、それを引き受けようと思ったんです。さらに、「欲や煩悩で動物の頂点に立った」人間にも、いいところがあるじゃんと。

　私にも成長というものがあったかな。成長というより変化かな。ここで初めて私は、「ヒトの女」になった。「蛹化の女」は孤独感、一人感そのものでした。「ヒト科」では、自分一人のことでなく、人類の中の一人として自分を見てる。そういう表現というのは、いままでとは違いますね。

　そもそも私は唯一無二の存在でいたかったわけじゃない。気が付いたら一人になっていた、誰にも似ていないものになってしまっていた。でも、ヒト科としてみればなんとかなる。人類の中に、躓いたり傷ついたりした人もたくさんいたろうけど、乗り越えても来ただろう。偉人だけじゃなく、名もないヒト、民が、たくさん乗り越えてきた。それがヒト科である。絶望しても、虫のような本能ではなく、考えるヒトだから、がんばれたんじゃないか。ヒトとして粘ったんじゃないかと。

　虫でいるうちは諦念だったけど、ヒトになった時、希望が湧いた。人間であることを喜ぼうという気持ちが、自分に湧いたんです。でも、ここまできたらもう大丈夫かなって思った途端、怪我しちゃったんです。しかも、困ってる時には言葉がボロボロ出てきたけど、ついにここまで諦念に打ち勝ったみたいになった時に、何も出てこなくなった。すごろくの上がりみたいなことになっちゃうと、歌詞が書けなくなっちゃうのかも。

ヒト科

凍てつく冬でも 火事はおきる雪とかし
阿鼻叫喚の中で 熱く熱く燃ゆる

私は見ていた 冬のような厳しさの
あの身も凍る状況で なおも燃ゆる我が炎

ヒトは知能だけで　動物の頂点に
立ったんじゃないんだ　ヒトは凄いんだよ

さあ　もう　傷は癒えた　立ち上がり　いざ行かん
さあ　もう　痣は消えた　走り出し　いざ行かん

私は見ていた　熱砂のうえ乾きの中
あの身も焦げる状況で　どこかなぜか冷静だった

オープン・ダ・ドー

人に逢うのが HEAVY HARD　地球上の人 全て
外に出られない（出られない）

タイトルの「オープン・ダ・ドー」と言うのは、雑誌「ele-king」で連載している「ピーポー＆メー」と同じです。「people & me」をわざとこういう発音にしている。

　レコーディングの1年くらい前、一人でニューヨークに行ったんですが。その時、Theは「ザ」じゃなくて「ダ」と言う方が通じるんです。「ドア」って慣れない「R」を言うより、「プリーズ・オープン・ダ・ドー」が圧倒的に通じたので、それを生かしています。

『CD-Y』以降、なかなか書けなかったんです。で、これを書いた頃、私は本当に外出困難症だったんです。まだ〝引きこもり〟という言葉は知らなくて、まして自分の他にそんなにたくさんの人が出かけられないでいるなんてまったく知りませんでした。自分だけのことだと思ってた。とは言っても、歌入れにスタジオには行けてるわけですけどね。歌詞はちょっとコミカルで、状況に埋没してはいません。「出口がない」というのとは明らかに違い、ふざける余裕はある。

　現実には、苦しさはあったし、いまもあります。いつも一緒にやってるメンバーは、みんないつも優しいって分かってるけど、それでも人と会うのが怖い。ずっと無理してきたんだと思います。前の事務所に騙されていたこととか、しかもやっとそこを辞めた翌年、「うちに来ませんか」と言われたところにもまた金銭的なことはもちろん、その他にもいろいろいろいろ騙されたんです。その時は深く深く人間不信になりましたね。騙される云々とは別にも、1日に何十人もの名刺を渡されるような日々が何年も続いてきたことの反動、ということもあったと思います。そんなふうにして、人間が怖くなっていきました。

引きこもりという言葉が流通するようになって、ああ、同じような人はたくさんいるんだなと実感しました。この曲は特にネットで人気があって、コメントが多いんです。「俺たちの歌じゃないか」とか書かれてる。引きこもってる人もネットは見てることが多いんでしょうね。

これ、すごく素直な歌詞ですね。サビが「外に出られない」って、すごく簡単な言葉。「いじめ」でやったようなことはもうしたくないと思ったんです。引きこもりについて陰惨としたことは歌いたくなかった。私は「生まれてきてくれてありがとう」とファンの人に言われることがあるんですけど、母親に「産まなきゃよかった」といつも言われていたことを思い出すから、実はあんまり言われたくなかったんです。でもこの曲に関しては「よくぞ日本に生まれてくれた！」って書かれているのを見て、笑いました。おかしくてうれしかった。サビだけじゃなく「それだけがせっ・てん」みたいなところとか、「密林よりもHEAVY HARD　大自然っていいなあ」なんかもホッピーが喜んでくれて、私もけっこう笑いながら作りました。そういうレコーディング中に受けてたところと同じようなところがちゃんとネットでも受けてた。それまではふざけたものも真面目に取られすぎることが多かったから、率直に聴いてもらえたのはうれしかったです。「女の引きこもりってすごいなあ」なんていうのもありましたね。ファルセットを多用した歌い方も逞しく感じられるのかもしれない。自分の曲でもこんなにファルセットを使った曲はないです。その「ヘヴィ、ハードさ」が生身にこたえ、レコーディングしながらだんだん疲れてきて、それが声にも現れてしまった。ある意味、臨場感が出てます。それほどにヘヴィでハードなんだと高らかに、一応、病んでるんだけど、ヤンデレじゃないんですよ、この主人公は。終始堂々としていて〝デレ〟がない。

しかも、しまいには「恋をしたい、最期に」と。なんとか孤独死の前に、恋をしたい。その底知れぬ生命力、原動力。恋には相手の人間が必要だから、恋をするには人に会わなければならないわけなので、つまり恋をするということが外に出る原動力になるだろうということですね。引きこもりという一言で済むところを、よくここまで言葉が出たものだ、言いたいことがあるもんだと思いますね。「外に出られない」というだけのことで、あれこれ考えてじたばたしてる。このじたばた感がリアルなのかな。

　私はそういう意味で、このアルバムの他の曲を作詞している水谷（紹）さんより屈折してないと思うんです。引きこもりなんて屈折してると思われているかもしれないけど、まっすぐで分かりやすいですよね。誰も憎んでいないし、人のせいにもしていない。意外に共感してくれる人が多いというのは、この主人公は好かれるタイプの人なのかもしれませんね。たとえばこの歌が、「外に出よう」「あと一歩だ」なんて言ってたらうざったくてしょうがないですよね。私だってそんなこと言われたくない。自分が言われたくないことは絶対に言わないのはどの歌でも同じですが。

オープン・ダ・ドー

社会性や公共性が希薄になる
人脈自ら断ち切ってくのか　Uh~、Uh~
食欲減退して痩せ細ってゆく
血圧上がったり下がったりの状態　Uh~、Uh~

外に出るのが HEAVY HARD
部屋から外に出るのが
人に逢うのが HEAVY HARD
やさしい友にでさえも

そんな友にも 義理を欠いたまま

電話の音が HEAVY HARD

耳を鬱いで目を閉じ
外に出られない（出られない）
人間が怖くって

外界の音 HEAVY HARD
車の音はまだまし
ドアのチャイムが HEAVY HARD
人の声で嘔吐する

大丈夫かと 友から泣けるFAXが

人に逢うのが HEAVY HARD
地球上の人 全て

外に出られない（出られない）
コミュニケートができない

光る あれは みごとな月
みんな おなじ 月見てるの
あんな きれいな月
だって それだけが 接点

食欲が減退して痩せ細っていく
血圧が上がったり下がったりの状態　Uh~、Uh~
安定剤と胃薬とミネラルウォーター置いて
煙草吸って平静ぶって立ち上がりたい　Uh~、Uh~

海の底より HEAVY HARD
なぜなら ここは世間だ
密林よりも HEAVY HARD
大自然っていいなあ

友が とうとう 助けに来てくれたが
ドアの向こうが HEAVY HARD

助けてと言いかけたが
外に出られない（出られない）
恋がしたかった 最期に

何とか現状打破 考えてみよう
それより行動だろ 行動だよ まずは Uh~、Uh~

食欲減退してやせ細っていく
血圧上がったり下がったりの状態 Uh~、Uh~

安定剤と胃薬とミネラルウォーター置いて
煙草吸って平静ぶって立ち上がるのだ

社会性や公共性が希薄になる
恋がしてーよ 原動力だ
現状打破

12才の旗

どこまでも済んだ空　そんな清い朝にこそ　初めての日は似つかわしい
これから毎月　祝日にしよう

昔は日の丸の旗って、たとえばお子様ランチの山型に盛られたチキンライスの上に刺さっている紙と爪楊枝でできた飾りとかだった。いちばん無難な、なんの意味もないものでしたよ。私も「さよならをおしえて」のミュージックビデオでナースの格好で日の丸を持って裸足で舞っているシーンがあるんだけど、あれはいちばん意味のない旗だったからで。子どもの頃に、この旗にまつわるかわいい逸話が（戸川）京子にあるんです。まだ私が小学校に行ってた頃に運動会があって、地元の人たちもお弁当を持って、ピクニックのように集まってくるような運動会で、京子が手作りの日の丸を持って見に来たことがあったんです。京子は小さな画用紙に、といっても京子が持つとまだ幼稚園児だったのでそれなりの大きさになるんですが、赤いクレヨンでいびつな丸をガーッと描いて、割り箸に糊で貼り付けたのを持ってきたんですよ。なのに、来るのが遅くて、来た時にはもう運動会は終わっていて。それを見てシュンとしてる写真があるんです。その姿がとってもかわいかったなあ。

その頃は祝日には近所の家々でも玄関に日の丸飾ってたり、バスの正面に小さなバッテンにしてたり、『おそ松くん』」のハタ坊の頭に立ってる旗も日の丸でしたし。

この「12才の旗」の旗もそれくらい、旗としての意味はほとんどないんです。「バンザイ」も同じで親類の結婚披露宴なんか行くと、「〇山〇男くん、〇子さん、の前途を祝して」といった後、みんなでバンザイ三唱とかやるのは私の経験上、普通でした。子どもでしたけどね。

そもそもこれは締め切りになってしまったので時間稼ぎのために「ボツ用」として送ったものだったんです。宮村優子さんのアルバム『大四喜《ダイスーシー》』に収録するための曲の依頼で、そのアルバムのコンセプトが「おめでたい」だったので、一応、初潮おめでたいということで。「ボツ用」で時間を稼ぎながら。で、懐妊の意の「おめでた」という別の歌詞を書いたんです。「アレが来ないって言ったら困った顔をするかしら　男の人にとってはいちばん怖い言葉と聞いたことがあるから　でもでかしたって言った　俺は父親になるんだなって言った　怖かったのは私の方よ　おめでたいおめでた」という歌詞を送ったんだけど、宮村優子ちゃんとそのプロデューサーの女性はどういうわけか最初の「12才の旗」をすごく気に入ってくれて、そちらが採用となったんです。

私としては言葉としてちょっと古い考え方だと思うので「ハレ・ケ・ケガレ」あたりを直したいと言ったんだけど、「いいえ、このままで」と言われて。そのアルバムでは平沢進さんの曲と私の曲だけ、歌詞カードに優子ちゃんのヘタウマな手書き文字で書かれていたり、コンサートの客入れと客出しの時にこの曲がループで使われていたりしましたから、そんなに気に入ってくれているんだとうれしかったですね。

この歌は、12才の小学生がこんなことを考えているというおかしさがありますよね。

しかし初潮の血がついたショーツを日の丸になぞらえるというのは右翼的な人には問題視されるんじゃないですか？　と言ったら、レコード会社のプロデューサーの人が、もうすでに当時の石原慎太郎都知事に見せて訊いたというんですよ。これをダメと言ってしまうと、生理の血を現代でも穢れているものとして扱うことになってフェミニズムにも抵触することになるということになるのでこれで良いのだと、プロデューサーから聞きました。私は右にも左にも批判されるのかと思ったけど、話は進んでいって、中（原）ちゃんが「おめでた」につけた曲に、本当に不思議な話なのですが、プロデューサーがはめていったらぴったりハマったんです。ただ一箇所だけ、「ハレ・ケ・ケガレの血だが」を「血ではあるが」に変えさせてくれないかと言われましたね。そうしたら本当に完全にハマった。私も中ちゃんもびっくりしました。

ただ、やはりプロデューサーはこの歌詞が持つ「問題だ」と示唆される点も感じていたんでしょうね。中ちゃんの間奏に、「家族みんなで赤飯だ　今夜はみんなで赤飯だ」という「サザエさん」的なほのぼのした歌詞を入れたいと譜割りも決めて私にそのスコアを見せてくれたんですが、「めでたい」といっても、この歌は、初潮を家族みんなでほのぼのと祝って「赤飯だー」、というのとは違うんだということを、そのプロデューサーに分かってもらいました。この歌詞をほんとにボツではなく、ホンチャンにするなら私も譲れないところがあったんです。この子は家族とか誰かと祝うのではなく、たった独りで喜んでいる。この「独り」というのは、私の歌詞の場合、ほとんどの歌詞に共通していることだと思うから。たとえ小学生といえども。

だけどやっぱり、この「12才の旗」はふざけてると思うんですけどね。こういうふざけた歌詞の曲は振り返ると何曲かありますね。私は笑うことが好きなんです。「戸川純の人生相談」にしても、いろんなことを越えてきて、それでもやっぱりふざけたがりだということは、岩のように動かない根の明るさからきてるんだと思います。私はこれに、何度も何度も助けられてきた。この根の明るさゆえに、どんなに暗いものでもポップな表現になってしまうんだと思います。だから、私はポップというものが悪いことだとは思ってないんです。実際に、こんなポップな私を好いてくれる、世間では前衛的と呼ばれるミュージシャンを含むクリエイターも多くいてくれて、それはとても幸せなことです。

あと、生理って誰でも面倒だと思うと思うけど、そうじゃなくて、女の子にとって生理はうっとうしいだけのものじゃないと思うと、生理日の見方が変わってくるんじゃないですか。

12才と言ってますが、いまならもっと早い子もいるでしょうけどね。ちなみに私は11才で来ました（笑）。「玉姫様」では「女は子宮で考える」なんて言っちゃうような男性に、「生理ってこんなものだ」と詳しく説明したわけだけど、「12才の旗」は他者に説明するのではなくて、女の子が一人で喜んでいるというところが大事なんです。「玉姫様」は人によってはおどろおどろしくさえある生理だけど、こちらではもっと普通のこと、戸惑いもあるけど喜びもあるようなことなんです。

孤独の男

夜明けが青へと向かうよ
しかしわたしはこんなものを　孤独などとは呼んだりしない

久々にライヴ盤としてリリースした『ヤプーズの不審な行動―令和元年―』（テイチク）をつくっている時に、ヤプーズとしては久しぶりの新譜だから、私は中（原）ちゃんに「がんばって」と言ってたんですね。（ライオン）メリィさんも中ちゃんの曲が好きだから、中ちゃんを励ますつもりでこの曲を書いたんです。中ちゃんを鼓舞する、中ちゃんのための曲だからって。私が歌詞もつけた時点でメリィさんが「あー、勿体ない」というメールが一斉送信で来たんですが、これはこれでメリィさんらしいいい感じの曲じゃないかって、メンバーみんなそう思った。お蔵入りさせるのはいくらなんでも寂しいんじゃないのということになって、新曲を1曲入れようと決めていたので、「12才の旗」とともにスタジオ録音しました。

この主人公は、友達のいない人、引きこもりの人、または病気で外に出られない人など、なんらかの理由で家から出られない孤独な人全般に言えることなんだけど、コロナのステイホームにもたまたま合ってますよね。ステイホームの場合、家族みんなと一緒という場合も多いと思いますが。

口調を男性にしたのは、女性にすると、戸川純自身のことだけになってしまうから。正直、孤独を感じる時もありますが、私はその点、恵まれていると思います。女言葉を使っている「諦念プシガンガ」の「いいのよ　我一介の肉塊なり」とか「MEN'S JUNAN」の「ＯＫ　ここで割腹するわ」とは違って、「まなこ閉じれば　この部屋には　緑の森や小池もあるさ」「見えてくるんだよ」のような男言葉ないしは中性的な言葉にすると、ただの情景描写や戸川純個人の心情というだけではなく、誰でも多かれ少なかれ持っているであろう心情なんじゃないかなということが、より強く伝わるようにと。

コロナ禍では、真っ先にライブハウスが槍玉に上がって、活動がほとんどできなくなってしまって本当に悔しいです。少し規制は緩くなりましたが、まだまだ予断を許さない状況だと思います。オリンピックにしても、コロナを終息させたのちに開催すれば世界中が同じ敵と戦って勝ったねと盛り上がるだろうけど、どこかの全然有名でもないたった一つの国があったとして、そこの選手がコロナで参加できないなら、参加できるようになるまではオリンピック自体を延期した方いい。こういうことになった時こそ、ちゃんと主役であるスポーツ選手を中心に考えられなきゃいけないと、つくづく思いますね。

箱に入った八月

木漏れ日せせらぎ　自由のなさは続いてゆくのだろう
小鳥のさえずり　我が生涯と　これ即ち青春と　あゝ悟り開くかの如く

2020年のパンデミックでライブができなくなって、慎ちゃん（山口慎一）を誘って始めたユーチューブの「戸川純の人生相談」で歌のコーナーで歌った「箱に入った八月」という、これまで音源になってない、いわば未収録の曲があるんです。これは箱入り娘の自由のなさとその悟りのようなものを歌った曲。パッフェルベルの「カノン」に歌詞を載せた「蛹化の女」と同じで、こちらはドボルザークの「ユーモレスク」に歌詞をつけたのですが、そういうのは「蛹化の女」一曲にしとこうと思いまして。もう一つ、発表しなかった理由があって、それは当時、私の所属していた¥ENレーベルでもアイドルを作ろうという話がレーベル設立当初からあって、その企画だった小池玉緒ちゃんのシングル盤「鏡の中の十月」にタイトルが酷似してたんです。でも箱入り娘の歌なので「これはやっぱり『箱に入った八月』なんだよなあ」と思ったり、さらに、箱入り娘のつらさなんて共感してくれる人はすごく限られるだろうという気持ちがあったんですね。

これができた頃、私には夢があって、それは家が厳しくて夜のライブに来られない「箱入り娘のためのライブ」というのを、土曜か日曜の昼にやりたいというものでした。もちろん、そういう境遇にあるか、過去にそういう境遇だったなら男女問わずですが。ただ、箱入り娘だということは証明しようがないし、自己申告制なので、放任主義で育った人が嘘をついて来てくれちゃってもいいよっていう感じなのですが、いまだに実現できてませんねえ。

自由に外に出ることも許されないけれど、高校の時に夏休みに行った山中湖の別荘の湖畔を一人で散歩する貴重な時間をモチーフにした歌です。「一歩一歩がすごく貴重なもののように感じながら　ゆっくりゆっくり歩く」「17のころ　誰もがみな卒業したものってなあに」と問うている。「木漏れ日せせらぎ　自由のなさは続いてゆくのだろう　小鳥のさえずり　我が生涯をこれ即ち青春と　あゝ悟り開くかの如く」で結んでいるのですが、これもまた諦念なんですね。私は親が死んでも自由のなさは残るんだろうと思います。「蛹化の女」や「バーバラ・セクサロイド」や、なにをやっても、私は心底自由になったという感じになれません。岡本太郎さんが「僕は青春という言葉は嫌いだ。一生青春だから」と言ったのともちょっと違う。この歌詞は初期のだから、特に諦念というものが重くのしかかっています。でも、いまでも私は、新鮮な気持ちで歌えましたし、これからも歌えると思います。もっとも、アルバム収録の予定はいまのところないのですが。認めたくないけど、これだけ何十年も変わらなかったのだから、私は、この自由のない感じというものをこれからもずっと背負っていくのでしょう。同世代の人たちが青春を謳歌していた時、私はそれを謳歌することはなかった。青春は謳歌したり悩んだりするものだと思うんです。けれどもやがて卒業し、そのことで人は成長する。私の場合、それができなかったから、こんな歳で言うのはお恥ずかしいのですが、精神的な成長ができていない。けっきょく一生青春だという、やっぱりある種の諦念からは抜け出せないということです。

「我が生涯　これ即ち青春」と。

母、父、京子へ

皆愛

あとがき

本来なら歌詞というものは、あくまで個人的に、私の価値観から言うと、書いた私自らが説明するものではないのでは、と思ってきた。本文にも出したことだが、世に問うた瞬間から、私の歌詞の解釈は意味をなさず、聴いてくださっている方々の解釈で、楽しみなり娯楽なり、ときには不遜な言い方だが励みになってくれたら御の字、と思っているからである。

そもそも私の歌詞は、前衛的でもなく、非常にポップでわかりやすいものだと思っていた。しかし、今回、この歌詞解説集のお話をいただいた時、せっかくの機会であるし、ファンの方々の中の間でもその誤解された解釈に、さすがの私も困っていたりもするものを改めさせていただきたいなと、それになにしろ一生に一度あるかないかのお話だし、この際、自分が歌詞に込めた思いを自ら解説させていただこう、と決心した次第である。

一つ、最後に声を大にして言いたことがある。これは、詩ではなく歌詞なのだ。曲があってこそ、初めて完成形を見るものなのだ。そういう意味で、歌詞というものは、それだけでは未完、という宿命を持つものだと個人的には思う。

だから、どうか、これらの歌詞が曲に乗った、楽曲という完成したものを、聴いていただきたい、と切に願う。きっと印象がガラッと変わるものが沢山あるはずだ。そこで、さらに、聴いた方の中に、本当の解釈が生じるはず、と信じている。決してCDの販売促進目的で言っているのではありませんよー。

思えば、長いこと、歌を歌ってきた。これからも、一生歌っていこうと、あらためて思う。私は、歌を歌うことが本当に好きなのだ。

ずっと応援してくれてきた方々、最近知ってくださった方、久しぶりにまた興味を持ってくれた方、また、この本を通して初めて興味を持ってくださった方、心から感謝致します。

編集という形だけでは言い切れない、尋常でない忍耐とお力添えをくださった三田格氏、水越真紀氏のお二方、デザイナーの鈴木聖氏、エレキング編集長の野田努氏、本当に有難う御座居ます！

二〇一六年十一月吉日

戸川純

（未発表）

ヤプーズのテーマ2
岩を掘る日々

（歌詞提供リスト）

荻野目洋子
ヒューマノイド進化論
感傷的サイバー・ベイ

酒井法子
マグニチュード・ヒロイン

高見知佳
怒涛の恋愛pt2

樋口可南子
戯画のボサノバ

宮村優子
女性的な、あまりに女性的な
12才の旗
秘密結社〜金曜日の黒ミサ〜

新装増補版　戸川純全歌詞解説集——疾風怒濤ときどき晴れ

2020年12月2日　初版印刷
2020年12月2日　初版発行

著者　戸川純
編集　三田格
構成　水越真紀
協力　いぬん堂

デザイン　鈴木聖
制作　野田努（ele-king）

発行者　水谷聡男
発行所　株式会社Pヴァイン
〒150-0031　東京都渋谷区桜丘町21-2 池田ビル2F
編集部：TEL 03-5784-1256
営業部（レコード店）：TEL 03-5784-1250　FAX 03-5784-1251
http://p-vine.jp

発売元　日販アイ・ピー・エス株式会社
〒113-0034　東京都文京区湯島1-3-4
TEL 03-5802-1859　FAX 03-5802-1891

印刷・製本　シナノ印刷株式会社

ISBN　978-4-909483-76-8
JASRAC 出 2008748-001

ele-king
books